DIMENSÕES SOCIAIS DO ESPORTE

Obra em conformidade ao NOVO ACORDO da Língua Portuguesa

Questões da Nossa Época

Volume 25

Dados Internacionais de Catalogação na Publicação (CIP)
(Câmara Brasileira do Livro, SP, Brasil)

Tubino, Manoel José Gomes
Dimensões sociais do esporte / Manoel José Gomes Tubino. — 3. ed. — São Paulo : Cortez, 2011. — (Coleção questões da nossa época ; v. 25)

Bibliografia.
ISBN 978-85-249-1689-2

1. Esportes — Aspectos sociais I. Título. II. Série.

11-01160 CDD-796

Índices para catálogo sistemático:

1. Esportes : Dimensões sociais 796

Manoel José Gomes Tubino

DIMENSÕES SOCIAIS DO ESPORTE

3ª edição

CORTEZ EDITORA

DIMENSÕES SOCIAIS DO ESPORTE
Manoel José Gomes Tubino

Capa: aeroestúdio
Revisão: Solange Martins
Composição: Linea Editora Ltda.
Coordenação editorial: Danilo A. Q. Morales

Direitos para esta edição
CORTEZ EDITORA
Rua Monte Alegre, 1074 - Perdizes
05014-001 - São Paulo - SP
Tel.: (11) 3864-0111 Fax: (11) 3864-4290
E-mail: cortez@cortezeditora.com.br
www.cortezeditora.com.br

Impresso no Brasil - junho de 2011

Sumário

Apresentação à 2ª edição

Quando escrevi a primeira edição, não imaginava que este livro provocasse a discussão desenvolvida durante todos estes anos que se passaram. Na verdade, o pressuposto do direito de todas as práticas esportivas ao mexer com o próprio conceito de esporte, remeteu a comunidade esportiva a identificar novas dimensões sociais neste importante fenômeno sociocultural.

Agora, passados dez anos, o esporte, já consolidado na sua conceituação renovada a partir da Carta Internacional da Unesco, sem desconsiderar a reconstrução teórica ocorrida, se reapresenta com alguns novos compromissos sociais e também com características acrescidas. O esporte-educação aumentou a sua abrangência, já há uma identificação de um esporte social e a mídia é um fator decisivo inconteste nos acontecimentos esportivos. Estas mudanças no esporte produziram um mundo dinâmico do esporte, no qual ele é um dos principais meios para uma cultura de paz, para um aumento de trabalho e ainda é suportado por uma ciência de sustentação.

Este novo quadro obriga que este livro, sem abdicar do já publicado e que continua em debate, seja acrescido destes novos pontos de alcance social surgidos nestes últimos anos. Nestes primeiros tempos do século XXI, o homem e a sociedade em geral enfatizam a Qualidade de Vida e o Entretenimento. Nestes dois aspectos o esporte está e estará sempre presente com suas dimensões sociais.

O autor

Rio de Janeiro, 2001.

Apresentação

Tendo como premissa que o esporte situou-se, na segunda metade do século XX, como um dos mais relevantes fenômenos sociais do mundo, pela abrangência de seu envolvimento e de suas relações, é possível explicar esta interpretação, principalmente pela mudança conceitual ocorrida nas últimas décadas, quando deixou de perspectivar-se apenas no rendimento, e conseguiu também incorporar os sentidos educativos e o do bem-estar social. Hoje, sabe-se que o fato esportivo possui uma abrangência muito maior, o que lhe permite encontrar significados sociais mais efetivos.

A perspectiva do direito à prática esportiva firmada pela Unesco, em 1979, logo no primeiro artigo da *Carta Internacional de Educação Física e Desportos*, consolidou o alargamento do próprio conceito de esporte, o que já aparecia nos ensaios da intelectualidade internacional deste campo social de conhecimento. A percepção de que além do esporte de rendimento existe um esporte na escola e um esporte popular, democraticamente disponíveis para todos os lados, mas com sentidos diferentes, faz com que este fenômeno se torne objeto de reflexão em todos os seus aspectos.

Objetivando permitir ao leitor entrar nesta fascinante discussão do esporte, achou-se por bem iniciar esta reflexão com a histórica revisão conceitual deste fenômeno, passando-se a seguir pelo seu significado social, chegando-se às suas dimensões sociais, para, após, ao reconhecer que o mesmo também envolve consequências sociais indesejáveis, prolongar-se esta obra até os seus efeitos negativos e às suas potencialidades sociais. Diante disso, um dos aspectos mais relevantes desta discussão sobre o esporte moderno passou a ser o das suas dimensões sociais.

O autor

As relações sociais nas revisões conceituais do esporte

Admitindo-se que existiu um *Esporte da Antiguidade*, cujas manifestações mais importantes foram os Jogos dos Gregos (Olimpíadas Gregas, Jogos Fúnebres, Jogos Píticos etc.), percebe-se que o chamado *Esporte Moderno* surgiu no século passado, criado por Thomas Arnold, na Inglaterra, numa perspectiva pedagógica que em momento algum restringiu os aspectos agonísticos das competições (Tubino, 1987).

Este esporte moderno enfatizou inicialmente o *associacionismo*, que se constituiu na sua primeira referência ética e social. Mais tarde, com a restauração do movimento olímpico e sua imediata incorporação ao movimento esportivo, a ética esportiva passou a se apoiar no associacionismo e no chamado *fair play*. Simultaneamente, o esporte, que tinha no ideário olímpico a sua maior sustentação, vivia um grande conflito: amadorismo *versus* profissionalismo. O profissionalismo não era admitido em nenhuma hipótese, e os casos surgidos eram exemplarmente punidos. Por outro lado, a perspectiva pedagógica inicial da concepção de Arnold desaparecia gradativamente. Acrescente-se que o esporte agasalhava, inclusive, o preconceito contra a prática esportiva da mulher, que somente conseguiu disputar os Jogos Olímpicos mais tarde, e, mesmo depois disso, permaneceu participando em termos bastante tímidos (Tubino, 1989).

A bem da verdade, é essencial relatar que o esporte não tinha a importância social que possui hoje, o que pode ser constatado pela reduzida dimensão dos Jogos Olímpicos, embora já fossem a maior manifestação esportiva internacional. A predominância de modalidades individuais, principalmente o Atletismo e o Remo, é a explicação mais plausível para esta irrelevância social evidenciada.

Entretanto, em 1936, Hitler, com os objetivos políticos de demonstrar a pseudossupremacia dos arianos nos Jogos Olímpicos, deixou nos registros da sua ação valiosos exemplos da utilização político-ideológica do esporte. Os ensinamentos de Hitler foram aproveitados pelos lados capitalista e socialista durante a chamada guerra fria, instalada logo após a II Guerra Mundial. Se, por um lado, surgiram a busca da vitória a qualquer preço, o profissionalismo disfarçado, a exacerbação dos resultados, a maior interferência dos Governos (Estados) no esporte e, consequentemente nas sociedades, casos cada vez mais constantes de *doping* e suborno, o esvaziamento do *fair play*, por outro lado não é possível negar que o movimento esportivo mundial cresceu muito, e paralelamente aumentou a relevância social deste fenômeno, pelas crescentes implicações que provocou.

Outra consequência importante deste crescimento da relevância social do esporte foi o aparecimento de uma intelectualidade internacional, nascida justamente pela intenção de contestar e discutir as exacerbações que a cada dia aumentavam nas competições e nas gerências esportivas. Esta intelectualidade, pode-se dizer, deu início à *Sociologia do Esporte*. Pode-se citar Antonelli (Itália), Cazorla Prieto (Espanha), Cagigal (Espanha), Clayes (Bélgica), Noronha Feio (Portugal), Manuel Sergio (Portugal), Pociello (França), Magnane (França), Lüschen (Alemanha), Weiss (Alemanha), Laguillaumie (França), Brohm (França), Parlebas (França), Bonet (França), Lyra Filho (Brasil), Curtis (EUA), Lenk (Alemanha), Simon (EUA), Meynaud (França), Thomas (França), Mazeaud (França), Garcia Prieto (Espanha), McIntosh (Inglaterra), McPherson (EUA), Loy (EUA) e outros, como aqueles que consolidaram neste primeiro momento a área de conhecimentos da sociologia esportiva. A este grupo se incorporaram importantes personalidades de reconhecimento mundial, como Noel Baker (Prêmio Nobel da Paz), René Maheu (Diretor Geral da Unesco), Pierre Bourdieu, Jofre Dumazedier e outros, que, com seus ensaios e posicionamentos, também contribuíram para aquele momento de transição do esporte.

A movimentação no contexto esportivo do início dos anos 1960 provocou uma *revisão conceitual do esporte*, cujo processo pode ser demarcado por três conjuntos de ações notáveis daquele período histórico: a) As manifestações dos intelectuais contra as exacerbações desportivas da época; b) Os chamados Documentos Esportivos Filosóficos Internacionais; c) O surgimento e o desenvolvimento do movimento *Esporte para Todos*, a partir da concepção do programa "Trim" (Noruega, 1967), (Tubino, 1989).

Entre os autores que contestaram o esporte voltado unicamente para os resultados pode-se citar Antonelli (Antonelli, 1963), que ao identificar no conceito de esporte os elementos jogo, movimento e competição, observou a existência de quatro aspectos característicos: o ético-social, o psicopedagógico e o psicoprofilático. Noronha Feio (Feio, 1978) e Cazorla Prieto (Cazorla, 1984) conseguiram observar aspectos que ultrapassavam a ênfase no rendimento, como o jogo, por exemplo. Cagigal (Cagigal, 1979, 1982), como um grande humanista que foi, propôs a interpretação do fenômeno esporte em dois sentidos: o esporte-espetáculo e o esporte-práxis, sendo que neste último o fenômeno esportivo ganhava um grande alcance social, ao aumentar as possibilidades de participação. Na mesma direção de Cagigal, pode-se também relacionar os trabalhos de Clayes, que em ensaio específico (Clayes, 1984), só entende a razão principal do esporte quando a prática esportiva possa chegar a um maior número de pessoas. Finalmente, outra citação das mais importantes é a de Manuel Sergio (Sergio, 1986), que vincula às relações com a cultura qualquer discussão conceitual do esporte.

Quanto aos Documentos Filosóficos Internacionais que influenciaram a reconceituação do esporte, o primeiro a iniciar este processo de revisão foi o *Manifesto Mundial do Esporte* (1964), editado pelo "*Conseil Internationale d' Éducation Physique et Sport* (Cieps), da Unesco, e assinado por um Prêmio Nobel da Paz (*sir* Phillip Noel Baker). Este documento foi a primeira manifestação que não reconheceu o esporte somente através do rendimento, mostrando que também existia um esporte na escola e um esporte do tempo livre, aberto para todos. Após outros manifestos de fundo filosófico, editados por fontes diferentes, em 1978 a Unesco divulgou a *Carta Internacional de Educação Física e Desportos* (Unesco, 1978), que além de consolidar num documento toda a discussão internacional que ocorria sobre o esporte, servindo de marco para um novo conceito deste fenômeno, ainda lançou a perspectiva do *direito à prática esportiva*, o que aumentou consideravelmente a significação social deste esporte reconceituado.

Por sua vez, o movimento *Esporte para Todos*, nascido no sentido contestatório do esporte de alto nível, possibilitou grandes campanhas de valorização das práticas esportivas, reforçando muito o aumento da abrangência do renovado conceito de esporte.

Depois desta breve passagem pelas circunstâncias que propiciaram uma revolução no conceito de esporte, é essencial lembrar que a razão social do esporte, anteriormente atrofiada pelas próprias limitações do esporte de competição, cresceu muito em relevância. E, por isso mesmo, como já disse um dia Nietzsche, é necessário que os intelectuais não se contentem em aceitar os conceitos que lhe são dados, apenas para limpá-los e lustrá-los, mas é preciso que comecem a criá-los e a colocá-los, persuadindo os homens a recorrer a eles.

Desse modo, o esporte, com o seu conceito compromissado com as suas perspectivas na educação, na participação das pessoas comuns e também no rendimento, em situações específicas, inclusive quanto às finalidades, e visto como direito de todos, passou a merecer novas abordagens e estudos para que sua dimensão social seja realmente entendida.

Do significado social do esporte às suas três dimensões sociais

O esporte, após a ampliação da abrangência do seu conceito, passou a oferecer um elenco maior de aspectos socialmente relevantes, os quais passaram a se constituir em objetos de inúmeros estudos sociológicos.

Por outro lado, o exame diário do esporte pela mídia prova de forma inequívoca o interesse da população mundial por este fenômeno. Também o aumento considerável do número de praticantes de esportes no mundo e o surgimento ininterrupto de novas modalidades esportivas, sob diferentes perspectivas, evidenciam que o esporte, pela sua crescente relevância social, tornou-se um dos mais importantes fenômenos do final do século XX.

Vários autores justificaram o significado social do esporte pelos aspectos que envolve. Por exemplo, Cotta (Cotta, 1981) dissecou socialmente o fenômeno esportivo, dizendo que ele: a) é um meio de socialização; b) favorece, pela atividade coletiva, o desenvolvimento da consciência comunitária; c) é uma atividade de prazer, ativa para os praticantes e passiva para os que assistem aos espetáculos esportivos; d) exerce uma função de coesão social, ora favorecendo a identificação social, ora representando simbolicamente o corpo esportivo da nação; e) desempenha um papel de compensação, pelo prazer, contra o excesso de industrialização. Outra referência essencial é Cazorla Prieto (Cazorla, 1979), que fundamenta a relevância social do fenômeno esportivo: a) pela dupla perspectiva, como fenômeno social universal e como instrumento de equilíbrio social; b) pelo consumismo esportivo; c) pelos espetáculos esportivos; d) pelos valores que o esporte leva à sociedade; e) pelo impacto social do associacionismo social; f) pela difusão do esporte através dos meios de comunicação.

Após as análises de Cazorla Prieto e Cotta, achou-se por bem desenvolver a justificação da relevância social do esporte, por interpretações e abordagens nos seguintes aspectos sociológicos deste fenômeno:

1º) o associacionismo no esporte;

2º) o esporte como instituição social;

3º) o envolvimento social do esporte e o aparecimento do *Homo sportivus*;

4º) a interdependência do Bem-Estar Social com a relação Estado-Sociedade-Esporte;

5º) o esporte como meio de democratização;

6º) o esporte e o compromisso do homem com a Natureza;

7º) a relevância sociocultural da relação jogo-esporte;

8º) o direito à prática esportiva: fator de novas dimensões sociais para o esporte.

O associacionismo no esporte – A concepção do esporte moderno por Arnold, no século XX, além dos pressupostos pedagógicos que referenciaram esta gênese do fenômeno esportivo atual, compreende um dos pontos que mais nortearam o movimento esportivo; o *associacionismo*. O associacionismo, importante pelo seu pluralismo, que expressa motivações, características e objetivos diferentes, é considerado por Pereira (Pereira, 1974) como a primeira vitória sobre a alienação esportiva e social. Esse autor explica que a necessidade de associação no esporte pressupõe um esforço no sentido de reunir as condições materiais necessárias para que seja apresentado um sentido de democracia interna na organização esportiva. Infelizmente, muitas vezes este associacionismo, de uma riqueza social em potencial incomensurável, delimitou-se, ao se vincular aos esquemas de poder. Este fato, somado à substituição em grande parte dos clubes pelas empresas, mostra que para um associacionismo já esgotado torna-se imperativo refletir sobre possíveis novos caminhos éticos para o esporte moderno.

O esporte como instituição social – McPherson, Curtis e Loy (McPherson, Curtis e Loy, 1989), ao defenderem a interpretação do esporte como um produto cultural envolvente que compreende atividades físicas lúdicas, também colocaram como ponto básico deste entendimento a compreensão deste fenômeno como instituição social. O esporte, para ser considerado uma instituição social, deverá estar organizado socialmente, representar uma forma de atividade social, promover identificações sociais, e, ao mesmo tempo, ao constituir-se num problema social e num problema humano, deve promover valores. Nesta perspectiva de problematização, entende-se problema social como toda situação social na qual existem ameaças ou males a certos valores coletivos ou grupais, onde as possíveis soluções dependerão principalmente de ações coletivas. Os problemas sociais do esporte surgem principalmente como manifestações do progresso cultural.

Ingham (Ingham, 1989), ao interpretar o esporte como um fato social resultante da institucionalização do lúdico, descreveu o processo esportivo como o *continuum* das posições polarizadas entre jogo e esporte. Este *continuum* representa o grau no qual a atividade lúdica é regularizada, formalizada, legitimada e, muitas vezes, ideologizada. Este *continuum* também representa o grau para o qual a atividade lúdica pode ser voluntária e corporificada.

***O envolvimento social do esporte e o aparecimento do* Homo sportivus** — A quantidade de envolvidos socialmente no esporte é crescente em todo o mundo, desde os usuários-praticantes até os usuários-passivos deste fenômeno. Além destas duas categorias, existem outros tipos de usuários, que têm uma relação de trabalho com o esporte, como os treinadores, administradores, atletas profissionais, jornalistas e outros, muitas vezes também denominados "produtores esportivos". Observa-se que a participação esportiva também pode ser regular, irregular ou esporádica. Existem ainda alguns envolvimentos indiretos (ex.: dos trabalhadores que constroem instalações esportivas, das indústrias esportivas e de turismo), cujas importâncias não podem ser desprezadas, por representarem força de trabalho derivada do esporte.

Retornando aos usuários-praticantes, percebemos que a prática esportiva pode ser dividida em práticas de aprendizagem, de treino, de competição, de prática regular, de recreio e a tantas outras identificadas na abrangência das dimensões sociais do esporte, isto é, do esporte-educação, do esporte-participação e do esporte-performance.

As participações em práticas esportivas, quando referenciadas em teorias do esporte, tornam-se *práxis esportivas*, como chamou Cagigal (Cagigal, 1979). A participação consciente e crítica da atividade física esportiva permite, sem dúvida, uma valorização qualitativa do modo de fazer esporte. A prática esportiva, quando práxis, contribui para o conhecimento humano, oferecendo condições para o surgimento de novos fatos esportivos, sociais e culturais.

A verdade é que o esporte, pelo seu crescimento notável e irreversível e pelo seu envolvimento social, provocou o aparecimento de uma corrente de estudiosos, que defende a existência de um novo campo de investigação, a *Desportologia*, que, segundo S'Jongers (S'Jongers, 1975), seria o estudo metódico e interdisciplinar desta nova forma de vida, que é o esporte. Não há dúvida de que o esporte, como prática social humana, necessita de abordagens profundas.

Aproveita-se a oportunidade para se reafirmar a percepção de que neste final de século surgiu o chamado *Homo sportivus*, que é expresso por aqueles que, de alguma forma, incorporam a atividade física às suas culturas individuais. Este *Homo sportivus*, cada vez mais, ganha relevância no mundo contemporâneo pois, além de estar evidenciado em todas as faixas etárias, sexos, raças, níveis sociais, apresenta-se nas três formas de exercício do direito de todos ao esporte (esporte-educação, esporte-participação e esporte-performance), diferenciando-se nas suas perspectivas finalísticas e nas suas valorizações de conteúdo.

A interdependência do Bem-Estar Social com a relação Estado-sociedade-Esporte — Nos diversos estudos existentes sobre as relações do Estado com a sociedade, através do Esporte, verifica-se que existem autores, como Forsthoff (Forsthoff, 1975) e Garcia-Pelayo (Garcia-Pelayo, 1977), que justificam uma intervenção estatal plena nos assuntos esportivos, pela incapacidade que leis naturais apresentam para conduzir ao equilíbrio social desejável. Outros defendem apenas uma atuação limitada do Estado. Neste último caso, podem-se citar Noronha Feio (Feio, 1978) e Cazorla Prieto (Cazorla, 1979), os quais, ao responsabilizar o Estado pela qualidade de vida, apenas justificam apoios estatais econômicos e financeiros no chamado esporte de tempo livre, também denominado popular, desde que tenham objetivos definidos na direção do entretenimento, e que não excluam o fomento à Educação Física e ao esporte-educação. Também a Conferência Internacional de Ministros e Altos Funcionários responsáveis pela Educação Física e Desportos, promovida pela Unesco, em 1976 (Unesco), ao reconhecer a relevância social da cultura física e do esporte como fundamentos da educação permanente dos povos, recomendou que os Estados se responsabilizem pelas estratégias político-esportivas relacionadas com a população em geral, isto é, pelo fomento do esporte-participação ou popular.

O papel do Estado no fomento do esporte, como meio de bem-estar social, é aceito sem restrições, não porque esteja, de um modo crescente, sendo inserido nas constituições dos países, mas porque os Estados parecem mais sensíveis nas suas ações políticas, refletindo as inevitáveis diversidades internas das nações. Na verdade, é o Estado que possui a capacidade institucional e política de tratar de forma interdisciplinar a imensa variedade de problemas sociais existentes nas suas delimitações de responsabilidade pública. As situações podem ser explicadas pelo fato de que os serviços sociais, relacionados às políticas sociais, não devem deixar de ser reflexos das próprias comunidades, onde são introduzidos. A esta colocação, pode-se afirmar, pelos exemplos nacionais e internacionais, que os esforços para uniformizar os serviços sociais, na maioria das vezes, têm provocado sérios conflitos, derivados das agressões nas realidades regionais culturais e étnicas. No caso específico do esporte, constata-se que muitos programas de esporte popular, ligados a ações governamentais, têm fracassado, devido às indisposições causadas pelas contradições internas dos seus conteúdos em relação às populações ou grupos a que são direcionados. A dificuldade consiste fundamentalmente em conseguir-se subtrair as diferenças, socioeconômicas e de etnicidade, que inequivocamente levam a diferenças culturais, de valores, de rendimento e de produtividade.

Outro erro sistemático de governos, nas suas políticas de bem-estar social, tem sido imaginar que o fomento de uma das manifestações dos programas formulados, como o de esporte popular, sem interatuar com outros programas efetivos de mesmo sentido social, possa conduzir as estratégias sociais a bons resultados.

Por tudo isto, defende-se, em qualquer circunstância de ação do Estado através do esporte para o bem-estar social, uma referência em valores, para que as expectativas e perspectivas de satisfações individuais e coletivas sejam entendidas na abrangência cultural dos usuários desta atuação estatal.

Por outro lado, para Murray (Murray, 1990) qualquer programa esportivo de uma política voltada para o bem-estar social deve estimular as pessoas a buscar satisfações na família, na comunidade e na profissão. Elas devem ser planejadas para reduzir o papel das agências governamentais na vida dos cidadãos e promover a autodeterminação, a autossuficiência, e a convivência respeitosa entre os seus beneficiários.

A ação do Estado, no sentido do bem-estar social, utilizando o esporte como meio, deve compreender programas relacionados à educação, saúde, seguro-desemprego, terceira idade, infância em situação de carência e abandono, e outras áreas de problemas sociais agravados, devendo sempre atuar nas causas, consequências e segurança.

O esporte como meio de democratização – Democratizar o esporte é assegurar a igualdade de acesso à prática esportiva para todas as pessoas. Desse modo, percebe-se que a utilização do esporte como meio de democratização será sempre uma consequência da amplitude da prática esportiva. Por estas afirmações é possível explicar que as ações na área social do esporte, para que estejam contempladas com preceitos democráticos, terão que passar pelo esporte-participação.

Sabe-se ainda que existe uma responsabilidade democrática nas instituições esportivas. A propósito, Vasconcelos Raposo (Vasconcelos, 1976), ao formular finalidades para os organismos esportivos em geral, defendeu que eles devem: a) colaborar para a criação de condições necessárias ao desenvolvimento das atividades físicas e esportivas; b) conseguir que as atividades esportivas façam parte do processo de formação cultural dos indivíduos, como fator de educação, lazer etc.; c) conduzir o esporte a um lugar importante no processo de democratização.

Por outro lado, na interpretação de práticas esportivas marginalizadas quanto às oportunidades democráticas, observa-se que as mesmas sofreram ações de grupos dominantes, que historicamente se utilizaram de todos os tipos de processos, para manter-se naquela posição de dominação. Este fato ocorreu em vários países, inclusive o Brasil, onde a capoeira chegou a ser proibida em 1890 pelo Decreto n. 874, logo depois da Proclamação da República, sob o pretexto de que era praticada por "negros" fiéis à princesa Isabel e a D. Pedro II. O mesmo aconteceu com o futebol, no qual os "negros" e os "pobres" foram proibidos de jogar enquanto esta modalidade esportiva permaneceu restrita aos colégios ingleses e portugueses do país, fato este que perdurou durante algum tempo, mesmo depois da criação dos clubes de futebol. Verifica-se que os antigos exemplos da falta de democratização esportiva foram recheados de preconceitos e discriminações. Atualmente, a ausência de uma prática democrática esportiva é observável nas modalidades que restringem a participação popular pelo alto custo do material a ser utilizado e pela impossibilidade financeira de acesso para pessoas de estratos sociais de nível econômico mais baixo (ex.: golfe, hipismo, esportes de inverno), e em outras, que permanecem discriminando (ex.: as modalidades cujas regras somente permitem a prática por um sexo).

Pelos exemplos e situações expostas, é imprescindível afirmar que, ao se falar do esporte como meio de democratização, é necessário que esta discussão esteja vinculada aos estágios e processos de democratização de cada país.

A democratização pelo esporte implicará sempre uma prática esportiva livre, onde a liberdade estará sempre implícita. Esta é uma das razões mais efetivas para que o esporte não seja considerado um fim em si mesmo, mas que possa permanentemente servir de meio indiscutível de formação e libertação dos seus praticantes. Nesta perspectiva, o reconhecimento do esporte como um direito de todos foi um passo importantíssimo para a percepção das possibilidades do fenômeno esportivo como meio de democratização. É possível até afirmar que as discussões sobre o uso do esporte como um meio de democratização iniciaram-se quando ele foi consolidado como um direito de cada pessoa, pela Unesco, na sua célebre Carta Internacional de Educação Física e Esporte, de 1978. Aquele posicionamento em documento provocou uma transformação na própria perspectiva da revisão conceitual do esporte, podendo-se dizer que chegou a romper o *status quo* da época. A partir daquele posicionamento, vários países (inclusive o Brasil) introduziram nas suas cartas constitucionais, no elenco dos direitos sociais, o direito à prática esportiva.

Além dos grandes palcos de espetáculos esportivos (estádios, ginásios etc.), existem outras áreas sociais, que podem ser entendidas como de prática social esportiva: as áreas públicas disponíveis, as escolas, a natureza, os clubes e as empresas. Nos clubes, onde o associacionismo é essência, a democratização é limitada pelas determinantes estatutárias e pelas condições socioeconômicas impostas para a participação no quadro social. No caso das áreas públicas e na Natureza, o papel do Estado para a promoção social do Esporte aos seus cidadãos será dos mais importantes, enquanto nas escolas, todos os problemas do processo educacional acrescidos da falta de percepção do papel que o esporte pode exercer serão os obstáculos para a utilização deste fenômeno no fortalecimento democrático. Nas empresas, infelizmente, constata-se que ainda nos conflitos trabalhistas a falta de uma consciência social sobre a prática esportiva tem impedido que os sindicatos exijam instalações e condições de prática esportiva popular. Embora se saiba que muitas empresas de diversas sociedades, inclusive no Brasil, tenham construído parques esportivos polivalentes para uma melhor qualidade de vida de seus trabalhadores, esta compreensão empresarial ainda é insuficiente. O que não se pode esquecer é que uma empresa deve ser entendida como uma célula social básica, e como tal deveria constituir-se como o epicentro social e cultural em todos os domínios de desenvolvimento de sua comunidade.

Finalmente, para que o uso do esporte seja caracterizado como um meio de democratização, é necessário que não seja entendido apenas como um bem de consumo, pois esta percepção distorcida e reducionista não permitirá que o fenômeno esporte chegue a usar o seu potencial de meio cultural para o desenvolvimento dos seus praticantes.

O esporte e o compromisso do homem com a Natureza — O esporte moderno, durante toda a sua existência no século passado, foi desenvolvido ao ar livre, em contato direto com a natureza, estabelecendo uma profunda relação. Também é fato que mesmo depois do surgimento dos grandes estádios e ginásios fechados, algumas modalidades esportivas permaneceram disputadas ao ar livre, mas deixando seus contatos diretos com a natureza, embora ainda restassem alguns esportes, como os jogos de inverno (ski, bobsleigh etc.) que, pelas suas especificidades, continuaram com suas práticas sociais em ambientes naturais.

Neste final de século XX, entre as inúmeras vertentes de novos esportes, existe aquela, impulsionada por interesses econômicos evidentes nos consumos dos próprios equipamentos, que tem promovido o aparecimento de modalidades ricas em emoções e que provocam contatos de muita significação entre o homem e a natureza. São aqueles esportes (voo livre, wind-surf, surf, bodyboard, jetsky etc.), cujo acervo cresce a cada temporada de férias ou verão, e que pelas suas características ganham a efetividade necessária para o seu sucesso. Observa-se que o número de praticantes destas modalidades, reconhecidas muitas vezes como alternativas, é crescente, sem, no entanto, vincular-se aos tradicionais sistemas esportivos existentes (comitês olímpicos e federações internacionais e nacionais), ao contrário, criando organizações próprias e atípicas.

Numa análise da conjuntura mundial atual, verifica-se que as nações de um modo geral, como um sintoma de arrependimento coletivo pelo que já foi feito, tentam discutir e implementar ações ligadas à recuperação e preservação do meio ambiente. A impressão que se tem é que esta chamada para os assuntos ecológicos tem muita relação com a criação destas modalidades esportivas ligadas à Natureza. Até mesmo modalidades mais antigas, como o montanhismo, parecem rejuvenescidas e o número de adeptos aumenta a cada dia. Estão surgindo também novos esportes, adaptados de outros, mas agora, com a dependência de um ambiente natural, como é o caso da corrida de Orientação e o do mountain-bike. Em síntese, cresce o número de modalidades esportivas que envolvem seus praticantes com a natureza e o número de pessoas que chegam à natureza pelo esporte. Esta constatação mostra de forma nítida que o alcance social do esporte cresceu, ao receber o compromisso do homem com a natureza, comprometendo o mesmo ainda mais com a qualidade de vida neste planeta, elevando os fatos esportivos a constituirem-se em estruturas sociais vivas de garantia de convivência.

A relevância sociocultural da relação jogo-esporte — No I Congresso Mundial de Psicologia realizado em Roma, o italiano Antonelli (Antonelli, 1963) apresentou como elementos constitutivos do esporte: o movimento, o jogo e a competição. Além desta colocação, que serviu de marco para os primeiros entendimentos do fenômeno esportivo, acrescenta-se que muitos estudiosos do esporte, com os quais concorda este autor, entendem que o vínculo cultural de cada modalidade esportiva estará no jogo que a originou. Esta assertiva é enriquecida por Colwell (Colwell, 1981), que, ao dizer que a busca da cultura é a busca do significado e de valores, permite concluir que o significado e os valores que dão sentido cultural ao esporte estão sempre no jogo.

Para desenvolver uma compreensão do jogo, na sua perspectiva sociocultural, que permita a sua integração com o esporte, é fundamental recordar que os primeiros autores que estudaram o jogo foram Huizinga (Huizinga, 1951) e Caillois (Caillois, 1958), que a primeira definição de jogo de Huizinga foi:

> O jogo é uma atividade ou ocupação voluntária executada dentro de determinados limites de tempo e de lugar, de acordo com regras livremente aceitas mas absolutamen-

te obrigatórias, tendo o seu objetivo em si próprio, e sendo acompanhado por um sentido de tensão, alegria e a consciência de que isso é diferente da vida normal.

Por esta definição de Huizinga observa-se que o jogo, este componente sociocultural do esporte, apresenta como condições básicas: a liberdade, a separação nos limites de tempo e espaço estabelecidos e a regulamentação.

Recorrendo-se à história conceitual do esporte, é possível descobrir que a exacerbação do *agon*, ou o detrimento ou atrofia do *ludens*, ou lúdico, enquanto perdurou a perspectiva única do rendimento, tornou-o muito mais competição do que jogo, perdendo parte do seu significado sociocultural inicial. No entanto, a aceitação de um conceito mais amplo de esporte, envolvendo também compromissos com os preceitos de bem-estar social e de educação, levou este fenômeno à retomada destes valores e significados que estavam em processo de redução. O melhor exemplo de reconhecimento desta recuperação de relevância sociocultural da relação jogo-esporte é o depoimento de Parlebas (Parlebas, 1986), ao concluir que o conhecimento em profundidade dos jogos esportivos proporciona valiosas informações sobre a sociedade que os adotou. Não há dúvida de que os jogos remeterão suas interpretações à sua própria matriz social. Ao continuar concordando com Parlebas, pode-se dizer que na dependência da lógica interna de cada esporte estarão orientadas as condutas sociais dos participantes. Assim, no jogo esportivo, internalizado numa modalidade de esporte, estará representada uma sociedade em miniatura, contendo um intenso laboratório de condutas e comunicações humanas, onde se conjugam problemas sociais relacionados às percepções e decisões, dinâmicas de grupos, estratégias e até ritualismos, tudo isto situado nas interações do plano do poder das iniciativas individuais com os sistemas de obrigações coletivas.

O direito à prática esportiva: fator de novas dimensões sociais para o esporte — As relações e práticas sociais que envolvem o esporte fornecem elementos para um quadro de conhecimentos de algumas especificidades, as quais não devem deixar de ser invariavelmente contextualizadas, para que suas interpretações tenham a coerência solicitada. Após passar por todo um processo de revisão conceitual, a partir de uma referência pedagógica numa perspectiva de rendimento mantida por muito tempo, o esporte moderno, na amplitude do seu campo social, acumulou conhecimentos técnicos e científicos, juntando todo um acervo de saber esportivo, o qual compõe uma teoria geral do esporte. Quando o fenômeno esportivo já era discutido na exaustão social do esporte de alta competição, surgiu, como síntese de uma reação da intelectualidade mundial do esporte, a vinculação da prática esportiva ao conjunto de direitos sociais do homem contemporâneo. Este novo quadro circunstancial internacional do esporte, agora norteado pela expectativa do direito de todos à prática esportiva, passou a exigir que os conteúdos e estratégias fossem totalmente revistos nas novas dimensões surgidas: a do esporte na educação e a do esporte na vida do homem comum.

Assim, o mundo esportivo passou a procurar as interseções do saber esportivo existentes e a buscar novos conhecimentos e caminhos, de modo que o esporte, agora mais ampliado e abrangente no seu conceito, pudesse atender as necessidades das três dimensões sociais (esporte-educação, esporte-participação e esporte-performance) do renovado conceito de esporte.

As três dimensões sociais do esporte

Conforme já foi descrito, o esporte, após a sua revolução conceitual, a partir do pressuposto do direito de todos à prática esportiva, passou a ser compreendido através das três manifestações esportivas, que na verdade são as formas de exercício deste direito, e constituem-se nas efetivas dimensões do esporte: a) o esporte-educação; b) o esporte-participação ou esporte popular; c) esporte-performance ou de rendimento. É evidente que estas dimensões sociais do esporte, que são explicadas pelo argumento do seu conceito, por sua vez, compreendem uma série de situações sociais específicas, que fazem os seus contornos. O aprofundamento de qualquer destas dimensões sociais do esporte será o resultado da abordagem nas suas situações sociais intrínsecas.

Desse modo, o esporte, como instituição social, não deve ser analisado fora de suas dimensões sociais, porque esta seria uma via reducionista, que levaria a uma visão e perspectiva anacrônica deste fenômeno. Observa-se também que as análises sociais do esporte devem considerar as três dimensões do esporte identificadas como manifestações condicionadas reciprocamente, o que também deixará como incompleta ou insuficiente os aprofundamentos e abordagens isoladas de uma destas dimensões.

O esporte-educação — O principal equívoco histórico do entendimento do esporte-educação é a sua percepção como um ramo do esporte-performance, ou de rendimento. Nesta percepção equivocada, as competições escolares, que deveriam ter um sentido educativo, em vez disto, simplesmente reproduzem as competições de alto nível, com todas as suas características, inclusive com seus vícios, deformando qualquer conceito de educação. A educação, que tem um fim eminentemente social, ao compreender o esporte como manifestação educacional, tem que exigir do chamado esporte-educação um conteúdo fundamentalmente educativo.

Para Teotonio Lima (Lima, 1987), uma orientação educativa no esporte terá que se vincular obrigatoriamente a três áreas de atuação pedagógica: a de integração social, a de desenvolvimento psicomotor e a das atividades físicas educativas. Na área de integração social, deverá ser assegurada uma participação autêntica, oferecendo aos educandos as oportunidades de decisões na própria organização das atividades, acrescido de uma possibilidade crescente de intervenção nas atividades esportivas extraescolares, visando chegar esta atuação na própria comunidade em que se situa o ambiente escolar. Na área de desenvolvimento psicomotor, deverão ser oferecidas as oportunidades de participações que atendam principalmente as necessidades de movimento, como também situações de juízo crítico, autoavaliação, tudo isto, livre de discriminações de qualquer tipo. Por fim, na área das atividades físicas educativas, a orientação deve direcionar-se para as concretizações das aptidões em capacidades e na aquisição de níveis superiores nestas capacidades.

Prosseguindo na argumentação de que o esporte na escola pode ser um dos meios mais efetivos de formação dos jovens, a prática esportiva como educação social será indispensável no desenvolvimento de suas personalidades e imponderável nos seus processos de emancipação.

Muito se tem afirmado sobre o compromisso do esporte educacional na formação para a cidadania. Esta colocação deve ser entendida ao conceber-se o esporte atuando no desenvolvimento de todas as dimensões da cidadania, que para Hirschman (Hirschman, 1990), existem três manifestações: a) a cidadania política, advinda do século XIX, com a participação no exercício do poder e com o direito de voto; b) a cidadania civil, surgida no século XVIII, com os direitos do homem, e observável na liberdade de expressão, liberdade de pensamento e religião, e no direito à justiça equitativa; c) a cidadania social, expressa na educação, saúde, bem-estar e segurança, que são essenciais à vida de uma pessoa civilizada e que são significativos para o exercício dos atributos civis e políticos da cidadania em geral. Nesta perspectiva, ao se aceitar a premissa de que existe uma formação para o exercício da cidadania, percebe-se que o caminho para esta formação é o da educação. O esporte-educação, entendido no processo educacional de formação das pessoas, deve também ser considerado como um caminho essencial para o exercício pleno da cidadania no futuro individual dessas pessoas.

Finalmente, embora exista uma literatura crescente na defesa de um esporte-educação desvinculado de padrões de rendimento e somente com compromisso educativo, as experiências ainda são escassas. A melhor experiência aceita neste sentido foi a desenvolvida no Brasil, em 1989, nos Jogos Escolares Brasileiros, com cerca de aproximadamente 3600 estudantes participantes, sob a responsabilidade do próprio autor, que na ocasião dirigia a antiga Secretaria de Educação Física e Desportos, ligada ao Ministério da Educação. Naquela oportunidade, juntamente com educadores brasileiros, foi possível desenvolver aqueles jogos, com referência em cinco princípios socioeducativos, que foram: o princípio da participação, o princípio da cooperação, o princípio da coeducação, o princípio da integração e o princípio da cogestão ou da corresponsabilidade.

No Brasil, além desta experiência das mais ricas com jogos esportivos escolares, o autor aproveitou um conceito de esporte educacional desenvolvido pela Professora Vera Lucia Menezes Costa, e submeteu-o ao colegiado do Conselho Nacional de Desportos, que o aceitou e inseriu na sua Recomendação n. 01/89 (Brasil, 1989), e que foi:

> O Desporto Educacional, responsabilidade pública assegurada pelo Estado, dentro ou fora da Escola, tem como finalidade democratizar e gerar cultura através de modalidades motrizes de expressão de personalidade do indi-

víduo em ação, desenvolvendo este indivíduo numa estrutura de relações sociais recíprocas e com a Natureza, a sua formação corporal e as próprias potencialidades, preparando-o para o lazer e o exercício crítico da cidadania, evitando a seletividade, a segregação social e a hipercompetitividade, com vistas a uma sociedade livremente organizada, cooperativa e solidária.

Pelos fatos relatados e considerações levantadas, pode-se finalmente registrar que o esporte-educação, com as suas responsabilidades de conteúdo no sentido da formação, já é questão socioeducativa que a cada dia passa a receber e provocar uma discussão mais profunda.

O esporte-participação — Esta é a dimensão social do esporte referenciado com o princípio do prazer lúdico, e que tem como finalidade o bem-estar social dos seus praticantes.

O esporte-participação ou popular tem relações íntimas com o lazer e o tempo livre (Brasil, 1985). Esta manifestação, que ocorre em espaços não comprometidos com o tempo e fora das obrigações da vida diária, de um modo geral, tem como propósitos a descontração, a diversão, o desenvolvimento pessoal e as relações entre as pessoas. Também oferece oportunidades de liberdade a cada praticante, a qual se inicia na própria participação voluntária.

O esporte popular, além das condições hedonísticas que o envolvem, tem o seu valor social evidenciado na participação e nas alianças ou parcerias desenvolvidas. A interatuação entre a participação e as parcerias fortalece os grupos e as comunidades, tornando-os ativos e com mais possibilidades de percepção do conceito de obrigação social, e consequentemente mais agentes do seu próprio destino. Pode-se até concluir, preliminarmente, que os programas de esporte popular mais efetivos são aqueles nascidos nos grupos ou comunidades, e onde os protagonistas voluntariamente tornam-se os idealizadores, os agentes organizadores e os participantes das práticas criadas. Por tudo isto é que o esporte-participação ou popular é reconhecido como aquela dimensão social do esporte mais inter-relacionada com os caminhos democráticos.

A outra face de notável relevância social do esporte-participação é a relativa à questão da participação, considerada como um aspecto essencial de qualquer processo de democratização. O esporte-participação, como a própria denominação sugere, ao promover a participação e ao obter sucesso neste seu objeto principal, pode-se afirmar, equilibra o quadro de desigualdades de oportunidades esportivas encontrado na dimensão do esporte-performance. Enquanto o esporte-performance só permite sucesso aos talentos ou àqueles que tiveram condições, o esporte-participação, ao contrário, favorece o prazer a todos que dele desejarem tomar parte.

O esporte-performance — Esta dimensão social do esporte, que permanece valendo pelo próprio conceito de esporte até a década de 1970, é socialmente importante pelos efeitos que exerce sobre a sociedade. Ao exigir uma organização complexa e investimentos, o esporte-performance ou de rendimento, cada vez mais, passa a ser uma responsabilidade de iniciativa privada. Traz consigo os propósitos de novos êxitos esportivos, a vitória sobre adversários nos mesmos códigos, e é exercido sob regras preestabelecidas pelos organismos internacionais de cada modalidade. Há uma tendência natural para que seja praticado principalmente pelos chamados talentos esportivos, o que o impede de ser considerado uma manifestação comprometida com os preceitos democráticos. É também a dimensão social que propicia os espetáculos esportivos, onde uma série de possibilidades sociais positivas e negativas pode acontecer.

É no esporte de rendimento que a literatura de crítica aguda ao esporte se encontra, principalmente pelos autores que combatem o capitalismo, que consideram o esporte de competição e suas vinculações com negócios financeiros sintomas evidentes de um capitalismo exacerbado. Pode-se citar Brohm (Brohm, 1976), que ao analisar o esporte de competição mostra os efeitos sociais negativos da organização esportiva nos países capitalistas, em que os campeões são utilizados como instrumentos de reprodução das violências intrínsecas nos espetáculos esportivos. Também Languillaumie (Languillaumie, 1978) afirma que o esporte de rendimento reflete as categorias do sistema capitalista industrial.

Entretanto, é possível retirar-se no meio de tantos aspectos negativos, um grande número de sintomas positivos que justificam uma relevância social no esporte-performance:

a) O esporte de competição ou performance, ao ser reconhecido como atividade cultural, será sempre um meio de progresso nacional e de intercâmbios internacionais;

b) a organização esportiva comunitária não deixa de ser um fator de fortalecimento da sociedade (desde que tenha legitimidade);
c) existe o envolvimento de vários tipos de recursos humanos qualificados, provocando a existência de várias profissões de especialistas esportivos;
d) ao causar uma indústria do esporte, chegando até produtos de grande sofisticação, favorece o crescimento de mão de obra especializada;
e) é um fator de geração de turismo;
f) pelo fenômeno chamado *efeito-imitação*, exerce grande influência no esporte popular.

Finalmente, ao perceber-se que o esporte de rendimento que já foi ideário olímpico, uso ideológico-político exacerbado e atualmente é mais um meio de negócio, e que a sua irreversibilidade é praticamente uma certeza, é fundamental que esta dimensão social do esporte seja aprofundada nos seus vícios, erros e distorções sociais, e também nas suas consequências e aspectos sociais positivos.

Os efeitos sociais negativos do esporte moderno

Muitos dos estudiosos do fenômeno esportivo caracterizam os seus efeitos negativos como efeitos sociais perversos. Ao não aceitar esta posição, tornou-se importante desenvolver o entendimento de efeito perverso, para depois caracterizar as consequências indesejáveis do esporte moderno, como efeitos sociais negativos.

A expressão *efeitos perversos*, relacionada semanticamente ao termo reação, é originada da tese do efeito-perverso, a qual, por pertencer a reacionários que enfrentavam ideias progressistas, era aplicada pela justificativa de que os efeitos serão ao contrário dos objetivados. A tentativa de impulsionar a sociedade para determinada direção resultará, segundo reacionários, em sua movimentação no sentido contrário. Estas posições reacionárias apoiaram-se na 3ª Lei do Movimento de Newton, que dizia que "a cada ação corresponde uma reação igual e oposta".

Depois, o conceito de *efeitos perversos* foi consagrado por cientistas sociais, como Boudon (Boudon, 1977), que os explica, não como os resultados de grupos antagônicos, mas como efeitos negativos parasitários e inadvertidos, da busca de soluções sociais para os estados de crise social, de conflito e de mudança. É possível, deste modo, deduzir que o apelo aos efeitos perversos dos fenômenos sociais é uma forma reacionária de abordar os problemas sociais. Pode-se até forçar uma inferência dizendo que quando o esporte, todo construído numa perspectiva de integração humana, é diminuído em discursos, com base nos seus problemas atuais existentes, este não deixa de ser um posicionamento reacionário.

Toda esta fundamentação sobre os chamados efeitos perversos foi desenvolvida pelo autor, para que os possíveis e existentes efeitos sociais negativos do esporte não sejam entendidos como efeitos sociais perversos. O esporte, pelas suas particularidades e pelo fascínio que envolve e provoca, permite muitas vezes um mal uso de suas possibilidades de conteúdo, paradoxalmente, com as suas finalidades e até dos discursos de sua promoção como um dos melhores meios de convivência humana. Isto explica que os efeitos sociais negativos do esporte são, na verdade, utilizações tendenciosas do fenômeno esportivo.

Como não é possível numa análise social de qualquer fenômeno separar os aspectos sociais positivos dos aspectos sociais negativos, a leitura deste fenômeno social sempre exigirá a sua interpretação como um todo. No caso específico do fenômeno esporte, após sua revisão conceitual, quando obteve um alcance social mais ponderável, a análise desses aspectos nas perspectivas dos seus significados sociais voltados para as dimensões da educação, participação e rendimento, sem dúvida, levará esta análise às delimitações destas dimensões.

Desta maneira, listam-se alguns efeitos sociais negativos do esporte moderno, que merecem abordagens específicas:

a) a reprodução compulsória do esporte-performance na educação;
b) as violências do esporte-performance;
c) a discriminação contra a mulher no esporte;
d) o uso ideológico-político do esporte;
e) a preponderância da lógica do mercantilismo no esporte.

A reprodução compulsória do esporte-performance na educação — O apelo do esporte-performance ou de rendimento, através dos meios de comunicação de massa, principalmente da televisão, levam os dirigentes educacionais de um modo geral a desconhecer a magnitude da utilização pedagógica do esporte como meio de educação. Embora, desde 1964, tenham sido identificadas finalidades opostas entre o esporte-performance e o esporte-educação, persistem as exacerbações dos talentos em detrimento dos outros estudantes e até os vícios do esporte de alto nível, na ambiência escolar.

A referência em princípios socioeducativos tem sido a melhor forma de concepção do esporte-educação, na sua adequação para um processo educativo.

A violência no esporte-performance — As paixões e interesses que envolvem o esporte-performance, somadas às aspirações dos praticantes, explicam em parte os desvios e as violências identificadas nas suas disputas. Estes efeitos sociais negativos crescem a cada dia, em quantidade, apesar das justificadas condenações e críticas de que são alvo. As violências são tão numerosas no esporte-performance, que se pode afirmar que é nesta dimensão social do esporte que ocorreu o maior número de distorções. Comportamentos coletivos, como a moda, os pânicos, as massas, a opinião pública, e outros, são ingredientes utilizados nas ações negativas de aproveitamento do esporte. Podem-se citar como violências mais identificáveis do esporte-performance: a) a violência nos espetáculos esportivos; b) o *doping*, suborno etc.; c) a força de trabalho escravizada nas possibilidades de mobilidade social.

A violência nos espetáculos esportivos entre os espectadores, principalmente no futebol, após várias tragédias inesquecíveis, atingiu tanta preocupação, que o Conselho da Europa, na reunião de Estrasburgo de 1985, editou o Tratado n. 120 (Conselho, 1977), com uma série de medidas para combater este quadro incontrolável dos campos esportivos daquele continente. Naquele documento, embora o esporte tenha sido entendido como um fenômeno, ele foi delimitado como um microcosmos da sociedade que o compreende, isto é, será sempre uma reprodução da sociedade e dos padrões sociais que o envolvem. O tratado em questão também reconheceu que a violência será sempre um fenômeno social cujas origens são exteriores ao esporte, o qual terá que ser tratado apenas como mais um palco de explicitação da violência. São por causa destas ocorrências que a violência do esporte precisa, antes de qualquer coisa, ser relativizada. Um indício destas posições é que as situações de violência e vandalismo, principalmente em espetáculos de futebol, iniciaram-se quase sempre fora das áreas de competição. É interessante esclarecer que além das violências físicas, constatáveis pelas tragédias e conflitos consequentes, também existem as violências simbólicas e verbais, presentes com muita frequência, e que, entretanto, não chegam a emocionar os dirigentes, a ponto de propor medidas.

O chauvinismo da vitória explica os casos de *suborno, doping* etc., surgidos no esporte moderno, de modo enfático, principalmente após o esporte tornar-se mais uma evidência da guerra fria política. Interessante dizer que o esporte de rendimento ou performance, quando politicamente vai deixando de se constituir num uso político-ideológico, em vez de recrudescer a utilização de meios ilícitos para a obtenção das vitórias, continua no mesmo nível de busca destes meios nefastos de sucesso, e em alguns casos, cresce quantitativamente e até "qualitativamente". O *doping* é considerado, no mundo esportivo de hoje, a forma mais grave de violência existente. Ele inverte o resultado esportivo eminente, e atinge biologicamente o pseudovencedor, isto é, o seu usuário direto. A chegada dos anabolizantes e outras formas mais sofisticadas de *doping* têm provocado reações efetivas, inclusive entre os atletas, e já é possível verificar-se a existência de comissões que acompanham o treinamento, para impedir estas repugnantes violências esportivas. Quanto aos subornos, cada vez mais presentes no esporte profissional, eles atendem a interesses econômicos de diversas ordens, inclusive o de apostas, lesando todos aqueles que acreditam na lisura das disputas esportivas institucionalizadas.

Quanto à *força de trabalho escravizada nas propriedades esportivas*, este tipo de violência pode ser explicado pela consolidação cada vez mais efetiva de grupos internacionais como proprietários de modalidades esportivas. Estes grupos, ligados a poderosas estruturas de comunicação de massa, tornam-se pouco a pouco verdadeiros *feudos esportivos*, onde todos os demais envolvidos trabalham principalmente para os interesses destes novos senhores feudais. Assim já aconteceu no automobilismo, e em inúmeras federações internacionais. Entre a grande massa de prejudicados, muitos até sem esta percepção, estão os atletas, que sem dúvida são os mais atingidos, pois têm a sua força de trabalho escravizada por pessoas que muitas vezes nem conhecem, subjugando-se aos interesses que norteiam estes grupos dominantes. As normas de transferência, as taxas, os preços dos atestados liberatórios e o aceite compulsório de todas estas condições fecham um quadro perverso social, no qual a principal regra é aceitar ou cair fora. Isto já ocorre, com muita organização e estrutura no futebol, no boxe, no automobilismo e em várias outras modalidades, e a tendência do esporte-performance, a cada avanço no sentido do negócio, é ainda mais favorecer estes tipos de violências. Entretanto, é importante registrar que esta situação no esporte profissional foi agravada historicamente pela desorganização das categorias profissionais, o que conjunturou um quadro em que os atletas são explorados pelas imposições regulamentares e pela dependência escravagista a instituições (clubes e entidades dirigentes) e até pessoas (empresários). Os atletas profissionais começam a organizar-se e a reagir no sentido de inverter estes vícios sociais. O tênis, com a já formada Associação de Tenistas (ATP), é o melhor exemplo desta reação. Estas manifestações ainda são tímidas em relação às dimensões dos problemas. O pouco tempo relativo de atividade atlética profissional, delimitado nas possibilidades biológicas e estruturais de atuação pelos atletas, tem sido a causa principal da ineficácia das organizações de atletas.

O limite biológico dos atletas, acrescido do período de formação atlética, que geralmente inicia-se na adolescência e chega até a idade adulta preenchendo uma boa parte da trajetória esportiva das pessoas, são os condicionantes principais para que a maioria das pessoas que passaram pelo esporte de rendimento não consigam mobilidade de um estrato social para outro, mesmo no chamado esporte profissional. O encerramento prematuro da carreira esportiva atlética e a grande solicitação de horas-treino durante o período de prática, impedindo quase sempre que os atletas possam frequentar outras formações ou ter outras experiências profissionais, impede frequentemente uma mobilidade social, e, muitas vezes, até agravam a situação socioeconômica dessas pessoas. Alguns ainda conseguem prosseguir na carreira esportiva exercendo funções técnicas.

A discriminação contra a mulher no esporte – Desde os Jogos Gregos, na Antiguidade, a mulher é socialmente discriminada no esporte. Nos Jogos Olímpicos da Antiga Grécia, a mulher não podia nem assistir às competições.

No esporte moderno, a mulher praticamente não tomou parte no século XIX, e somente apareceu nos Jogos Olímpicos na década de 1920, assim mesmo, contrariando as ideias do restaurador do movimento Olímpico, o Barão de Coubertin. Ainda hoje, constata-se uma supremacia considerável em termos quantitativos de provas masculinas e um número inexpressivo de árbitros e dirigentes femininos, inclusive nas federações internacionais. Recentemente, o Comitê Olímpico Internacional (COI) recomendou aos Comitês Olímpicos Nacionais que colocassem representantes femininos nas suas composições.

É interessante lembrar que esta discriminação esportiva histórica contra a mulher no esporte levou a uma reação, fazendo com que existam modalidades esportivas somente para a prática feminina, discriminando o sexo masculino. É o caso da Ginástica Rítmica Desportiva e da Natação Sincronizada, além de outras. Por outro lado, somente agora é que se registram reações efetivas das organizações de defesa da mulher contra as discriminações esportivas contra o sexo feminino. Neste sentido, já se pode acrescentar que várias modalidades esportivas, como o futebol e o remo, por exemplo, outrora de participação exclusiva masculina, já podem ser praticadas por pessoas do sexo feminino.

As explicações mais plausíveis para esta discriminação contra a mulher no Ocidente, uma vez que este caso não ocorre nos países socialistas, são os valores culturais que orientavam a mulher para o casamento e para o lar, enquanto o homem, ao contrário, era preparado para o trabalho, e era ele que ia para as guerras. Nos dias de hoje, com a liberação da mulher, como consequência da descoberta da pílula anticoncepcional, e o ingresso definitivo da mulher como força de trabalho produtivo, o contexto das relações humanas mudou drasticamente, e também no esporte a mulher vai ganhando a sua luta contra mais este preconceito.

O uso ideológico-político do esporte — A primeira grande manifestação de utilização do esporte como meio ideológico-político foi a de Hitler durante os Jogos Olímpicos de 1936. Foi construída toda uma estrutura que permitisse a demonstração para o mundo da supremacia dos alemães arianos sobre os demais povos e raças. No entanto, as vitórias do negro norte-americano Jesse Owens, e a valorização destas conquistas derrotaram o ditador alemão nas suas intenções e ações torpes de uso do esporte. É interessante observar que os alemães (arianos) tiveram grandes vitórias, as quais permaneceram apagadas em virtude do sucesso de Owens.

Depois, a chegada efetiva da ideologia política no esporte ocorreu logo após o segundo conflito mundial, com a chegada da denominada "guerra fria". A União Soviética ingressou nos Jogos Olímpicos somente a partir de 1952, nas Olimpíadas de Helsinki, e os Estados Unidos cresceram geometricamente os seus orçamentos nas preparações esportivas das equipes norte-americanas para competições internacionais, principalmente para as Olimpíadas. Os Jogos Olímpicos passaram a constituir-se em mais um palco de guerra fria, e o número de medalhas passou a ser entendido como um indicador de supremacia do regime, na disputa entre capitalismo e socialismo.

Os países nessa época identificados como em desenvolvimento fizeram um outro tipo de uso ideológico-político do esporte. Sob pretextos diferentes, em que o preferido era a necessidade de organização, os Estados apropriaram-se do esporte, passando a dirigi-lo e tutelá-lo, inibindo as tentativas das diversas sociedades de usarem o esporte como um meio de seus fortalecimentos.

Atualmente, com a ruptura da extensa rede de sigilos dos países socialistas, constata-se como o esporte foi uma ferramenta ideológica durante muito tempo, embora, naquelas nações, sempre existisse uma notável cultura física. Por outro lado, os esportistas socialistas pertencentes à intelectualidade mundial do esporte acusam o capitalismo pelo uso do fenômeno esportivo como apenas uma fonte de lucro.

Quando o esporte, através de uma revisão conceitual, aumentou a sua abrangência, estas denúncias prosseguiram pois a prática esportiva por massas populares e por escolares, em perspectivas diferentes, continuaram a permitir as intoxicações ideológicas. Entretanto, a conquista ao direito à prática esportiva pelos grupos sociais populares, no esporte-participação, e das crianças, de utilizarem a riqueza cultural do conteúdo do esporte para formação da cidadania, passaram a conduzir os envolvidos nos fatos esportivos a caminhos democráticos, aumentando as defesas contra os seus usos políticos.

No esporte de rendimento, a chegada de forma inequívoca dos interesses mercantis ao esporte praticamente inauguraram um novo processo esportivo, agora voltado para o negócio, anulando pouco a pouco as influências ideológico-políticas.

A preponderância da lógica do mercantilismo no esporte — A chegada definitiva da televisão, encurtando as distâncias no mundo e modificando radicalmente o elenco de hábitos dos habitantes do planeta, também provocou profundas mudanças no processo esportivo. Uma das mudanças mais visíveis foi a substituição gradual do uso ideológico-político do esporte pela utilização do fenômeno esportivo como meio de divulgação comercial. Esta nova situação aconteceu principalmente nas manifestações de esporte-performance, embora também tenha chegado de forma tímida às demais dimensões sociais do esporte.

Especificamente na trajetória do esporte-performance ou de rendimento, quando o esporte foi ideário olímpico, o grande conflito social foi o choque permanente entre o profissionalismo e o amadorismo. Depois, quando o esporte de rendimento passou a sofrer um uso político intenso e explícito, o conflito "amadorismo *versus* profissionalismo" deu lugar às próprias batalhas da guerra fria entre capitalismo e socialismo, onde o número de medalhas esportivas olímpicas e os sucessos esportivos eram contados como provas de superioridade ideológica ou de regime político.

Agora que o uso político-ideológico do fenômeno esportivo está sendo substituído por um novo paradigma, o do esporte como negócio, surge um novo conflito social, de difícil tratamento, que é o confronto direto entre a *lógica do mercantilismo* e os *valores do esporte*. Os valores esportivos, desenvolvidos desde a Antiguidade e consolidados no associacionismo e no *fair play*, vão sendo, gradualmente, destroçados pelos aspectos pragmáticos do lucro. As justificativas apresentadas em estudos de viabilização financeira, o deslocamento do foco principal para a lucratividade e produtividade em detrimento do próprio homem e dos interesses reais coletivos, muitas vezes até aproveitando a vulnerabilidade da sociedade aos meios de comunicação de massa, têm levado este novo quadro esportivo a perspectivas completamente diversas das anteriores. Definham modalidades clássicas, que não provocam espetáculos para a televisão, ou que não prometem lucros em suas disputas. Por outro lado, cresce o número de modalidades relacionadas com mais risco de morte (ralis, automobilismo, motociclismo, bicicross etc.), e consequentemente despertam mais interesse como espetáculo de televisão. Também cresce a quantidade de novas modalidades desportivas de relação com a natureza e que exigem aparelhos de fabricação industrial (voo livre, surfe, esqueite etc.). Nas formas de competição, passam a dominar os circuitos, para que os produtos de patrocínio possam parecer mais vezes. Já existem até aqueles críticos e estudiosos do fenômeno esportivo que afirmam que o esporte virou um grande espetáculo de televisão. É evidente ainda que existe todo um processo de imitação deste esporte-espetáculo, de alto nível e de grandes espetáculos, para a prática popular.

Deve-se também dizer que esta lógica do mercantilismo introduzida efetivamente no esporte, principalmente pelo maior chamamento do espetáculo esportivo, é também uma manifestação do mundo atual de sociedades de massas. Nesta perspectiva, este esporte-negócio envolve uma pedagogia da superação para seus praticantes, levando no seu conteúdo um fenômeno reconhecido como agressividade esportiva. Os estudiosos marxistas do assunto reconhecem o esporte moderno, por tudo isto, como uma diversão alienante, por atuar como sucedâneo das massas que não têm acesso às práticas esportivas. Já os estudiosos capitalistas contrapõem, dizendo que a todos os assistentes de um determinado espetáculo esportivo está aberta à possibilidade de prática esportiva, apenas que em nível diferenciado. Existem ainda aqueles que acusam o espetáculo esportivo de catalizar frustrações inconscientes e alienantes. É muito difícil a aceitação deste posicionamento, pois seria o equivalente a aceitar a mesma premissa para qualquer espetáculo que promova talentos em qualquer manifestação humana, o que, de fato, torna este tipo de análise de certa forma preconceituosa e tendenciosa.

Finalmente, pode-se dizer que é imperativo que a intelectualidade esportiva rediscuta a ética do esporte, porque este fenômeno, principalmente na sua dimensão de rendimento, oferece espetáculos esportivos exacerbados, envolvendo grandes representações populares, os quais regularmente conduzem a situações sociais das mais indesejáveis.

As perspectivas do esporte a partir de suas potencialidades sociais

Pela discussão dos seus aspectos sociais, é possível reafirmar que o esporte é um fenômeno social que atingiu níveis muito complexos de desenvolvimento nas diversas sociedades. Esta afirmação é constatável nas próprias leis esportivas, que nas suas primeiras partes, na busca de uma consistência social, remetem as suas justificativas para as necessidades de unidades sociais, os direitos e deveres da pessoa humana, o desenvolvimento dos praticantes, o exercício consciente da cidadania, as relações com o tempo livre de trabalho, e outros pontos compromissados com as próprias aspirações das nações. Existem, inclusive, aquelas que, ao referir-se à relevância social do esporte, chegam até a sugerir que é possível construir uma sociedade mais humana através do esporte.

O que se pode dizer sem temor de erro é que, em qualquer processo social, e o esporte é um processo social, é exigível uma visão mais profunda de sociedade, bem como dos seus mecanismos de controle social. Torna-se essencial, por isso, a existência de uma *teoria do esporte* junto às práticas esportivas culturalmente estabelecidas. Torna-se anacrônica qualquer prática esportiva sem uma teoria de esporte conjugada com uma teoria de sociedade. A prática esportiva, como prática social, precisa ser entendida com a percepção de que cabe à sociedade, como processo social articulador de várias atividades sociais, desenvolver-se numa estrutura social articulada.

O esporte, ao subordinar-se a uma teoria de sociedade, isto é, sem constituir-se numa prática autônoma, contribui de forma decisiva para a interpretação da realidade social. O fenômeno esportivo, condicionado e condicionador de um processo social de um determinado momento histórico, não poderá jamais ser examinado na perspectiva simplista de uma leitura que o coloque como um simples reflexo social.

Assim, com a aproximação do próximo século e as imprescindíveis reflexões que a intelectualidade internacional oferecerá ao mundo, já é possível vislumbrar-se para este novo momento contextual uma perspectiva renovada no fenômeno social esportivo, justamente pelas suas riquezas culturais e pelos possíveis antídotos sociais que ele poderá contribuir para uma vida de melhor qualidade. Neste sentido, achou-se por bem perspectivar-se alguns aspectos deste futuro esportivo, apoiados nas próprias potencialidades do fato esportivo. São eles:

a) a busca de uma perspectiva ético-social para o esporte;
b) a consolidação do conceito do *Homo sportivus*;

c) a relativização do esporte com a natureza e o lazer;
d) a aproximação do fenômeno esportivo com as práticas corporais de expressão;
e) o novo papel social do Estado diante do esporte.

A busca de uma perspectiva ético-social para o esporte — Desde o enfraquecimento do associacionismo e do *fair play* como suportes da ética esportiva, iniciou-se uma busca incessante para a descoberta de pelo menos explicações que levassem a novos caminhos éticos para o esporte. O próprio renovado conceito de esporte, além de anular os pressupostos éticos anteriores, passou a oferecer *pistas* para estas descobertas. Na verdade, no entendimento do "novo espírito esportivo", estará, sem nenhuma dúvida, o pilar da discussão ética do fenômeno esportivo. O esporte, nesta perspectiva, e nas suas funções sociais e culturais, terá que ser orientado por valores morais nas suas relações com os diferentes sistemas sociais.

Nesta direção, a Universidade do Porto (Portugal) desenvolveu no final do ano de 1989 um fórum específico sobre "Desporto, Ética e Sociedade", o qual trouxe efetivas contribuições para a questão fundamental da ética esportiva. Logo na abertura deste evento, ficou nítido que uma defesa da ética esportiva seria a própria defesa do fenômeno esportivo em toda a sua abrangência social, o que remeteu a responsabilidade desta defesa para todos os envolvidos com os fatos esportivos.

Neste encontro, um dos posicionamentos mais interessantes e praticamente aceito por todos os participantes foi o de Bento (Bento, 1989), que, mesmo aceitando a necessidade de novos ensaios para uma ética no esporte e reconhecendo no esporte atual um grande campo de conflitos sociais, concluiu que a ética esportiva, apesar da especificidade dos seus contornos, deverá apresentar-se num quadro de concepções, princípios e teorias, coexistindo com uma ética geral. Esta ética coexistencial de referencial antropológico, apoiada numa imagem atualizada de homem e formulada em convergência com posições teleológicas e deontológicas, mas de aplicabilidade nas práticas esportivas em geral, como afirmou aquele autor, tem tudo a ver com a defesa desenvolvida no início deste capítulo, no qual se mostraram as práticas esportivas precisando de uma teoria de esporte conjugada com uma teoria de sociedade.

Outro ponto importante a discutir nesta nova ética esportiva é a sua abrangência. Além das dimensões sociais conceituais do esporte (esporte-educação, esporte-participação e esporte-performance), como também afirmou Bento (Bento, 1989), os praticantes não são os únicos participantes do esporte. Podem-se listar ainda os treinadores, pesquisadores, professores, árbitros, jornalistas, dirigentes, fisioterapeutas, espectadores, médicos esportivos, psicólogos esportivos, nutricionistas esportivos, empresários esportivos, e outros pertencentes a diversas especialidades, cada vez em maior número, todos envolvidos numa mesma ética esportiva. O autor, ao concordar plenamente com Bento (Bento, 1989), quando o mesmo recorre a Kant e relaciona a ética esportiva à ideia de "dignidade do homem", entende que todos estes especialistas envolvidos com a questão social do esporte terão que evidenciar primordialmente *dignidade* na expressão de suas funções no campo esportivo, para que possam ser interpretados na renovada delimitação da ética esportiva.

Neste mesmo fórum, Araujo (Araujo, 1989) mostrou que um pensar ético do esporte deve evitar transformar uma inter-relação enérgica em relação conflituosa, para que o resultado e a interpretação final sejam elevados pela dinâmica da disputa esportiva desenvolvida numa dimensão essencialmente lúdica que lhe confere moralidade. Para aquele autor, até nos espetáculos do esporte de alto nível esta perspectiva estimularia praticantes e assistentes a entendimento recíproco afastando o culto da violência, que atua predatoriamente na própria natureza do esporte.

Pelo que foi possível observar, a aproximação e o equilíbrio entre a atitude ética e a atitude esportiva teriam como resultante a formação do chamado *espírito esportivo*, já considerado como fundamental na construção da nova ética esportiva. Esta conclusão parece coincidir com o posicionamento de Noronha Feio (Feio, 1989), o qual chegou a declarar que "o espírito esportivo é a bússola orientada da práxis esportiva".

O espírito esportivo, segundo Gonçalves (Gonçalves, 1989), é de difícil definição, mas de fácil percepção, e deve ser entendido como um código de atitudes, um respeito às normas derivadas de um código de ética, e ainda como um comportamento moral para o meio esportivo.

O ICSSPE (International Council of Sport, Science and Physical Education) (Internacional, 1989), por seu lado, estabeleceu que o conceito de espírito esportivo deve referenciar-se em cinco princípios: o do respeito aos regulamentos; o do respeito aos oficiais dos jogos e às suas decisões; o do respeito aos adversários; o da demonstração de uma preocupação pela igualdade de oportunidades entre os competidores; e o da manutenção da própria dignidade. Não é difícil perceber que este conceito está referenciado na dimensão social do esporte-performance, o que o delimita substancialmente.

Retornando a Noronha Feio (Feio, 1989), é essencial enfatizar o posicionamento desse autor, o qual defende que somente a generalização pedagógica do espírito esportivo poderá impedir o domínio absoluto do esporte pelo interesse material e econômico. Quando afirma que o espírito esportivo conduz à disciplina, ao respeito ao adversário, à solidariedade, à tolerância, à liberdade e à democracia, deixa a possibilidade de estender-se este seu entendimento ao conceito mais amplo de esporte, compreendendo desde o escolar até o talento esportivo, passando pelo direito de todos às práticas esportivas.

Depois de passar pelas referências mais importantes sobre o espírito esportivo, o autor pode interpretar que este espírito esportivo não deverá ser uma "práxis" apenas dos atletas (nas três manifestações compreendidas no conceito de esporte), mas também de todos os protagonistas dos fatos esportivos (promotores, treinadores, jornalistas etc.). Esta talvez seja a grande diferença da ética esportiva anterior, surgida quando o esporte apenas perspectivava a performance, e era norteado pelo ideário olímpico.

Um dos relatos mais relevantes sobre a busca de uma ética para o esporte atual é sem dúvida o de Meinberg (Meinberg, 1989), o qual inicia sua posição justamente numa crítica à maioria de estudiosos que referenciam a ética esportiva numa situação ortodoxa e tradicional, isto é, somente no alcance do esporte de competição ou performance. Para ele, esta percepção já não é mais sustentável por não respeitar as transformações até mesmo conceituais que o fenômeno esportivo já passou. Meinberg ainda distinguiu quatro formas de moral como orientadoras para os praticantes esportivos: a moral hedonista do esporte, a moral da saúde, a moral da condição física e a moral do esporte de alto rendimento.

Um outro ponto de discussão da questão da ética esportiva é a substituição do entendimento do "associacionismo" do precursor Arnold, extremamente limitado por um grupo ou quadro de associados, que se constituía num dos apoios da ética esportiva anterior, por uma comunidade de pessoas aficionadas, como uma grande "tribo" ou até mesmo "nação", ligados por uma convivência apaixonada num determinado esporte. É precisamente este aspecto que tem interseções com as cenas de grande violência, principalmente nos estádios de futebol. Talvez seja a partir desta nova percepção que surjam os novos códigos de controle do vandalismo cada vez mais presente nos espetáculos esportivos.

Percebe-se que a nossa colocação anterior sobre a ampliada abrangência do entendimento de "espírito esportivo" incorpora perfeitamente essa substituição do entendimento de "associacionismo". Agora, para que as disputas esportivas, principalmente no denominado esporte de rendimento, sejam consideradas em padrões éticos aceitáveis, todos os segmentos envolvidos, inclusive as massas de torcedores, num novo tipo de associacionismo terão que se apresentar com condutas compreendidas num espírito esportivo desejável.

Também a discussão ética da investigação científica aplicada ao esporte ganha terreno, tornando-se um dos pontos mais delicados dos debates acadêmicos. Neste aspecto, ao reafirmar-se que o esporte é um problema profundamente humano, recorre-se a Nuno Grande (Grande, 1989), o qual sinaliza a ilegitimidade do uso de modelos que não respeitem os valores da dignidade e da condição humana. Nesta linha de posicionamento, embora existam experiências esportivas eticamente discutíveis com pessoas humanas, é imprescindível salientar que também ocorre todo um repúdio da maioria dos cientistas esportivos (ex.: a questão do *doping*), para estas situações de deslocamento do ser humano para o meio de concretizações subjetivas e inconfessáveis na busca de resultados.

Concluindo, pode-se afirmar que a pluralidade de contornos e sentidos que o esporte atingiu, com evidentes interseções e conexões culturais, está a exigir uma nova ética esportiva, que de fato consiga refletir o pluralismo de valores que o atual conceito de esporte protege.

Nesta linha, sem dúvida, a nova ética esportiva estará delimitada na abrangência do conceito de "espírito esportivo", o qual, referenciado no direito de todos às práticas esportivas, e nas formas de exercício deste direito, objetivando distintamente a educação, a participação e a performance, substituirá rapidamente a ética esportiva anterior, apoiada no *fair play* e no associacionismo.

***A consolidação do conceito de* Homo sportivus** – A própria consolidação do renovado conceito de esporte tem firmado o *Homo sportivus* no cenário esportivo internacional. A aceitação, nas nações, de que a prática esportiva constitui-se num direito inalienável do ser humano, reforça substancialmente o *Homo sportivus*, principalmente através da participação no chamado esporte popular. Também a revisão do papel do Estado na questão social do esporte tem levado a inúmeros estímulos para o reforçamento do *Homo sportivus*, pois, ao ficar esclarecida uma maior responsabilidade dos governos com a prática esportiva no tempo livre, a quantidade de esportistas ativos tem aumentado significativamente. A proliferação das modalidades esportivas ligadas à Natureza, e aquelas ligadas às práticas de expressão corporal, tem sido outro fator que tem contribuído para o aumento do número de pessoas que incorporaram as atividades esportivas nas suas culturas individuais. O crescimento do tempo e espaço de mídia relacionado a fatos esportivos, refletindo um interesse também crescente no mundo esportivo, pode ser apontado como a prova mais efetiva da consolidação do *Homo sportivus*.

A relativização do esporte com a natureza e o lazer – O esporte, nas suas relações crescentes com a Natureza, tem recebido a cada momento uma grande massa de novos praticantes das modalidades desenvolvidas na natureza. Um dos aspectos positivos desta forte relação é o fato de que nas dimensões da educação e da participação o esporte tem conseguido mais significado social e também tem recebido um aumento do número de praticantes.

No caso do esporte-educação, os novos caminhos passam e continuarão abrangendo no seu conteúdo as estratégias de uma educação para o meio ambiente e para o lazer. Este norte para as práticas esportivas educacionais justifica-se plenamente pela relevância social que o meio ambiente e o lazer passaram a constituir para a humanidade nas próximas décadas. Praticamente todos os campos de atuação humana terão que relativizar seus caminhos e estratégias com o meio ambiente e o lazer, e o fenômeno esportivo, pela sua própria natureza, não poderia ser exceção nesse compromisso da contemporaneidade.

Entretanto, já começa a surgir uma discussão sobre o ponto de saturação dos locais naturais de competição. O excesso de competições esportivas, de uma mesma modalidade ou de diversas, somado à afluência de espectadores, tem provocado ações poluidoras paralelas de várias formas, criando um constrangimento social naqueles que têm consciência do novo problema. Assim, nos próximos anos, o estímulo a práticas esportivas participativas, educativas ou de performance, deverá vir acompanhado de cuidados especiais para que essas práticas não levem o ambiente ao seu ponto de exaustão.

Quanto ao lazer, percebe-se que os estudiosos deste importante campo do conhecimento humano, cada vez mais o relacionam com as perspectivas sociais do esporte-participação na busca da qualidade de vida.

A aproximação do fenômeno esportivo com as práticas corporais de expressão — A análise dos determinantes socioculturais das práticas esportivas pode explicar a aproximação das práticas corporais de expressão no sentido do movimento esportivo. A busca de situações esportivas, a impossibilidade da maioria das pessoas em apresentar talento para modalidades esportivas de solicitação física complexa, a influência da mídia, a plasticidade, os espetáculos, e outros fatores, podem ser elencados como estes fatores socioculturais que levaram a práticas como a Dança (Ginástica) Aeróbica, Dança, Ginástica de Jazz, e outras a serem utilizadas como modalidades esportivas.

Os elementos constitutivos do esporte, que segundo Antonelli (Antonelli, 1963) são a competição, o jogo e o movimento, acrescidos da institucionalização, fundamentam a aceitação dessas práticas de expressão como esportes. Acredita-se que, anteriormente, a Patinação Artística, a Ginástica Rítmica Desportiva, as séries de solo da Ginástica Artística (Olímpica), serviram de práticas precursoras desta nova vertente do movimento esportivo internacional.

Andreu Camps e Lagardera (Andreu, 1985), em estudos recentes sobre as preferências esportivas, concluíram que os contornos dos gostos esportivos são dependentes dos usos diferenciados do corpo nas práticas esportivas, as quais são marcadas por representações que induzem modelos de prática, segundo os lugares que se ocupa no espaço das posições sociais e também segundo a imagem dominante dos padrões feminino e masculino nesta mesma posição social. Isto quer dizer, em outras palavras, que o início dos gostos esportivos ocorre a partir da acomodação das estruturas das práticas esportivas, que compreendem uma diferença sexual no interior da diferença social. Finalmente, estes autores ainda reconhecem que a demanda social na prática do esporte depende dos fatores sociológicos, econômicos, técnicos e individuais.

O novo papel do Estado diante do esporte — O Estado, compreendendo uma comunidade de interesses num determinado território e dotado de organização independente, passou a necessitar de uma ampla revisão no seu papel diante do fenômeno do esporte, depois que este renovou-se conceitualmente. Esta perspectiva é possível, pois é o Estado que cria o Direito, adaptando-o às condições objetivas da realidade social.

O esporte, que de modo geral era autogovernado até os anos 1930, depois, devido às implicações econômicas e políticas, passou a receber inferências diferenciadas nos países capitalistas e socialistas. Estas intervenções, segundo Garcia Pelayo (Garcia, 1977), ocorrem sob as formas de financiamentos, legislações ordinais específicas, existência de órgãos responsáveis pela formulação de políticas e normatizações esportivas e também pela introdução de textos relativos ao esporte nas constituições.

Uma comparação das mais interessantes foi, sem dúvida, a relação Estado-Esporte-Sociedade entre países capitalistas e socialistas (antes da Perestroika). Quanto aos países socialistas, é importante ressaltar que na revolução de 1917 o esporte foi considerado "burguês", sendo reintegrado mais tarde por Semaschko com o nome de "Fizkultura" (Cultura Física), inclusive incorporando-se, a partir de 1950, com a chegada da chamada "guerra fria", às estratégias de propaganda ideológica e ao ideário vigente. No caso dos países capitalistas, a intervenção sempre se deu pelos vultosos investimentos nos esquemas de treinamento das equipes nacionais. Entretanto, foram nos boicotes a Jogos Olímpicos que a postura intervencionista do Estado exacerbou-se. Atualmente, com as mudanças no Leste Europeu, a tendência passou a constituir-se numa aproximação gradual do tipo de relação Estado-Esporte-Sociedade dos países socialistas para os modelos capitalistas desta relação.

Entretanto, com a sucessão de novos fatos políticos no mundo, o quadro internacional transformou-se em muitos aspectos e já se pode afirmar que existe uma nova perspectiva de papel do Estado.

Atualmente, segundo interpretação do autor, já é possível distinguir-se um novo quadro de tendências para a revisão do papel do Estado, diante do fenômeno esporte, para cumprir suas responsabilidades com a sociedade. Nesta perspectiva, foi possível identificar as seguintes interseções na reatualizada relação Estado-Esporte-Sociedade:

a) a responsabilidade social do Estado de fomentar as manifestações esporte-educação e esporte-participação;

b) a responsabilidade social do Estado de normatizar a manifestação esporte-performance;
c) a responsabilidade social do Estado de estimular o interesse de iniciativa privada para as questões do esporte, levando-a a uma corresponsabilidade;
d) a responsabilidade social do Estado de estimular a universidade, para no exercício de suas funções fundamentais, relativas à ciência e à formação de recursos humanos, estendê-las às questões do esporte;
e) as responsabilidades sociais do Estado diante do esporte, quanto à relativação de suas questões aos problemas do meio ambiente e segurança;
f) a responsabilidade social do Estado de desenvolver meios para o intercâmbio internacional na área do esporte;
g) a responsabilidade social do Estado diante do problema da violência nos palcos esportivos.

A primeira referência para esta revisão do papel do Estado é a renovação conceitual do fenômeno esportivo, que a partir do pressuposto do direito de todos à prática esportiva, passou a abranger as manifestações esporte-educação, esporte-participação e esporte-performance, como formas de exercício desse direito. Está claro que o esporte-educação, comprometido com o processo educativo de formação para a cidadania e para o lazer, e o esporte-participação, direcionado para o bem-estar, com conexões nítidas com a saúde e o lazer, são responsabilidades inequívocas do Estado. Já quanto ao esporte-performance, que antes o Estado intervia em todos os momentos, hoje, o exercício de um papel tutelador e paternalista vai sendo trocado por uma atuação de corresponsabilidade, em que se encarrega fundamentalmente das normatizações esportivas. Além da atuação dos diversos níveis de poder e governo, o Estado, de um modo geral, na maioria das nações, apresenta-se também num Conselho, o mais representativo possível da sociedade em que está inserido, o qual consegue acompanhar a dinâmica do esporte contemporâneo, expedindo normas preventivas e corretivas para os diversos tipos de conflitos sociais que vão surgindo no cenário sob a sua jurisdição.

Outra função social do Estado, como representante das aspirações da sociedade na sua política esportiva, é estimular a iniciativa privada, para que esta assuma um papel de corresponsabilidade no processo de desenvolvimento do esporte. Um dos procedimentos utilizados neste sentido tem sido o oferecimento de legislação de incentivos, até fiscais, para que o mundo empresarial e a comunidade esportiva encontrem os seus caminhos efetivos e legítimos para a promoção esportiva. Em relação às leis de incentivos ocorre uma tendência para legislações rígidas, que não só evitem fraudes, mas que também busquem atender os pontos principais do processo de desenvolvimento esportivo; como os recursos humanos, instalações, pesquisas, equipamentos, intercâmbios técnico-científicos e outros. Essa tendência, inclusive, se afasta do esporte-performance, à medida que qualquer incentivo direto a equipes esportivas de rendimento, além de onerar a sociedade, ainda possa fortalecer os produtos levados à mídia pelo esporte para o consumo público.

Quanto à responsabilidade social do Estado de incentivar a universidade, para que no exercício de suas funções básicas e no respeito de sua autonomia possa contribuir para a relação Estado-Esporte-Sociedade, pode-se dizer que se trata de uma parceria para que as universidades possam desenvolver pesquisas científicas referentes à realidade social esportiva, possam desenvolver recursos humanos competentes para atuar nas diversas opções esportivas, e, finalmente, possam apresentar posturas críticas que contribuam para o processo esportivo. Com estes posicionamentos pelas universidades, o saber esportivo acumulado terá a oportunidade de apresentar-se com reflexões críticas, desenvolver-se a partir de novas descobertas, e de receber sistematicamente novos agentes de propagação deste grande acervo resultante de uma cultura esportiva de muitos anos.

Até bem pouco tempo, por negligência da própria humanidade, o meio ambiente não era relativizado pelos estudiosos dos diversos campos de atuação humana. Como este já não é mais o problema, e todos os setores procuram conexões de seus programas com as questões ambientais, também o esporte já não pode mais ser visto sem responsabilidades ecológicas. O crescimento de práticas esportivas na natureza aumenta em muito essa responsabilidade com a preservação ambiental. O Estado, acrescido de mais este compromisso fundamental, começa a tratar da formulação de normas que invertam algumas predações ambientais dessas competições esportivas. Neste sentido, uma das grandes preocupações tem sido o ponto de exaustão de locais da natureza usados para as disputas esportivas. A poluição sonora de esportes de motor no meio líquido (*jetsky*, motonáutica etc.), o lixo deixado por assistentes, as construções de meios exigidos pelas regras, e outras agressões ambientais, começam a merecer normas do Estado que possam constranger essas possíveis predações resultantes do próprio compromisso do fenômeno esportivo com a natureza.

Com o avanço da tecnologia, os países passaram a possuir maiores possibilidades de trocas de experiências em todas as áreas. Como, também, no campo social do esporte, existem diferenças de desenvolvimento marcantes, a necessidade de intercâmbio internacional esportivo cresceu muito. Desse modo, as cooperações por convênios, acordos e outras formas de intercâmbio técnico-científico esportivo passaram a constituir-se em mais uma responsabilidade do Estado diante da sociedade. A nova acomodação política internacional, com a abertura do Leste europeu e com os agrupamentos econômicos em blocos, somados ao avanço tecnológico já citado, levam à projeção de uma nova geopolítica no esporte para os próximos anos, a qual certamente estará coerente com a arrumação política em andamento.

Finalmente, como resultante da grande incidência de violências nos palcos esportivos do esporte-performance, na maioria dos casos em estádios de futebol, surge uma nova responsabilidade estatal no meio esportivo: a necessidade de evitar e controlar as manifestações de violência, oferecendo segurança aos praticantes esportivos ativos e passivos das disputas esportivas.

Mesmo sabendo que a violência não é do esporte, e sim da sociedade, o esporte tem oferecido palco para essas explicitações violentas, as quais passaram a oferecer contornos específicos, derivados pelas paixões e emoções que envolvem os fatos esportivos. É imprescindível lembrar que as maiores estatísticas de grandes espetáculos de violência ocorreram nas partidas de futebol, com os choques entre torcedores e agressões a árbitros. Os psicólogos e sociólogos esportivos explicam como causa da agressividade levada para as disputas esportivas as frustrações da vida cotidiana.

Outra observação importante, nesta análise da violência atual nas praças esportivas, é que até bem pouco tempo estas violências eram apenas um prolongamento dos ânimos da própria disputa e esquentavam exatamente quando o jogo terminava. Atualmente, ao contrário, existe toda uma preparação entre os grupos para uma outra "guerra" fora das disputas, que se inicia nos insultos gratuitos e geralmente se estende até as agressões físicas. Alguns estudiosos apontam como origem dessa onda de violência o Reino Unido, pela crise industrial dos anos 1960, que reduziu as expectativas sociais entre os ingleses, criando agrupamentos que se dirigiram aos concertos de rock e aos campeonatos de futebol. Durante a Copa do Mundo de 1966, na Inglaterra, as campanhas contra a violência serviram de propaganda da mesma, a qual rapidamente chegou à Bélgica, Holanda e Alemanha a partir dos anos 1970.

Outra explicação sobre a violência nos estádios obtida por outros estudiosos foi quanto ao tipo de modalidade disputada. O futebol, o basquetebol, pelos frequentes choques entre os disputantes, segundo os seguidores desta linha de interpretação, conduzem os espectadores a uma predisposição maior para a violência, do que os assistentes dos jogos de voleibol e tênis, por exemplo.

Entretanto, foi a partir das tragédias de Heysel (Bélgica, com 39 mortos) e Sheffield (Inglaterra, com 94 mortos), que os Estados passaram a compreender que uma responsabilidade preventiva e de controle teria que ser assumida, e em alguns casos há necessidade de uma coordenação internacional, com poderes públicos para defender a ordem e a segurança das pessoas. Esta mudança de atitude estatal diante da violência nos espetáculos esportivos ocorreu, principalmente, quando foi percebido que a violência estava automatizada, isto é, já fazia parte do espetáculo esportivo, fortalecida através dos meios de comunicação de massa.

A ação do Estado, segundo a Comissão Especial de Investigação da violência nos espetáculos esportivos da Espanha, com especial referência no futebol (Comisión, 1990), apresenta-se com a tendência de considerar dois *locus* de manifestações de violência: 1º) na ocasião do espetáculo esportivo e relacionada com ele, dentro ou fora do estádio; 2º) violência na prática esportiva. Seguindo-se esta classificação, pode-se dizer que no primeiro caso, de um modo geral, os países já experientes com lamentáveis tragédias têm levado o assunto a Códigos Penais intolerantes com estas manifestações, e com responsabilidades explícitas para o aparato policial. Evidentemente que não existem omissões de campanhas permanentes e de medidas preventivas.

Muito interessante foi o levantamento feito por entidades europeias sobre as causas das violências, antes, durante, e depois dos espetáculos esportivos, tais como: exibicionismo para os meios de comunicação; consumo de álcool e drogas pelos assistentes; grandes massas em contraposição a espaços reduzidos; atitudes e manifestações de dirigentes; tensão reprimida dos espectadores; anonimato nas massas populares; leis inadequadas; a não separação de torcidas rivais; descontrole na venda de ingressos; permissão para entrada de objetos que podem ser lançados; paixão pelas equipes em disputa; público próximo aos atletas; erros dos árbitros; policiamento precário; passividade anterior pelas autoridades e dirigentes esportivos; e muitos outros. Na interpretação desta lista de possíveis causas das violências em praças de espetáculos esportivos, um aprofundamento do assunto implicaria uma divisão em *fatores que promovem ou causam a violência* e *fatores precipitadores da violência*. No primeiro caso, podem-se sintetizar como fatores que promovem ou causam a violência: a) a existência de facções fanáticas de torcedores; b) as declarações instigadoras de jogadores, treinadores e dirigentes; c) o sensacionalismo irresponsável antecedente pela imprensa, valendo-se de fatores não esportivos; d) as questões sociais, de que o esporte não é causa, mas é alcançado; e) a massa de torcedores numa infraestrutura inadequada nos estádios; f) debilidade policial quanto a aspectos quantitativos e qualitativos (preparação); g) falta de normas ou inadequação das mesmas à atualidade; h) a falta de controle e de proibição quanto à ingestão de álcool e drogas. No que diz respeito aos fatores propiciadores da violência, pode-se dizer que os erros dos árbitros constituem-se no melhor exemplo, embora os itens *e* e *h* do elenco de causas possam também ser colocados nesta categoria.

Algumas nações europeias adotaram medidas, na busca de leis e normas importantes para combater a violência. Para realçar a relevância social de discussão da questão da violência no esporte e o papel do Estado, apresentam-se a seguir algumas destas providências de países que, inclusive, sofreram episódios catastróficos em competições esportivas, informando-se que, além dos países citados, praticamente todos da Comunidade Europeia preocupam-se no momento em elaborar mecanismos legais neste sentido. São eles:

a) *Inglaterra*. Possui disposições que proíbem violência contra as pessoas e disposições que defendem a ordem pública. Além disso, após o desastre de Sheffield, foram formuladas uma série de recomendações para serem seguidas nos próximos anos como: número máximo de espectadores, acordados entre clubes e polícias etc.

b) *Grécia*. Possui lei específica desde 1986 sobre medidas preventivas e repressivas da violência em centros de esporte.

c) *Suécia*. Um Conselho Nacional estabelece normas para a prevenção e controle da violência nas atividades esportivas do país.

d) *Holanda*. Uma Comissão Nacional sobre vandalismo no esporte responsabilizou, a partir de 1985, as entidades promotoras de espetáculos esportivos por quaisquer incidentes que ocorram.

e) *Itália*. Em lei de 1988 modificou alguns preceitos do Código Penal, adaptando-os às medidas necessárias para inibir fatos de violência no país.

Vários organismos internacionais também abordaram a violência em estudos específicos. A Unesco, através do seu Comitê Intergovernamental para a Educação Física e o Esporte (Cieps), publicou junto com o Comitê Olímpico Internacional (COI) o documento "A Desportividade", que tratou do assunto. O Conselho da Europa, através do seu Comitê Permanente, emitiu várias recomendações sobre o problema da violência no esporte. Também a Fifa (Federação Internacional de Futebol) e a UEFA (União Europeia de Futebol) adotaram resoluções específicas sobre a segurança nos estádios.

Quanto à violência na prática esportiva em si, o único caminho a ser seguido é o aperfeiçoamento e a atualização dos códigos esportivos das entidades dirigentes, além das reformulações para as composições dos tribunais que executam esses códigos. Embora seja um assunto muitas vezes reivindicado como pertencente à abrangência das autonomias das entidades dirigentes do esporte (federações nacionais e internacionais), por tratar-se também, em muitos casos, de direitos humanos, o Estado, ao sentir-se responsável na sua soberania por esta questão, tem formulado normas ou diretivas para a diminuição destas violências no seu território.

Finalmente, apesar de vários posicionamentos claros, o autor julga necessário colocar a grande questão que permanece sobre o papel do Estado, diante do esporte, pois a variação nas respostas definirá, em cada caso, uma maior ou menor abrangência deste papel. Eis o problema:

Na relação Estado-Esporte-Sociedade, considerando a renovação conceitual do esporte e os novos problemas relacionados à preservação ambiental, à segurança das pessoas envolvidas, qual é o ponto de equilíbrio desta relação, que delimita a dimensão de responsabilidades, e até de interferência do Estado na questão do Esporte?

As novas implicações sociais da passagem do século

Na passagem do século novas implicações sociais passaram a ocorrer no fenômeno sociocultural do esporte. Estas modificações se iniciaram no início dos anos 1990 e prosseguem com muita ênfase no início do século XXI. Podem-se listá-las:

a) A ampliação da dimensão social esporte-educação;

b) O reconhecimento de um esporte social;

c) A mídia, principalmente pela TV, passou a ser decisiva na difusão das práticas esportivas;

d) Existe um mundo dinâmico dos esportes;

e) O movimento por uma cultura da paz incorporou no Esporte um componente fundamental;

f) O esporte, localizado no setor terciário de serviços, passou a constituir-se num espaço ocupacional de trabalho crescente;

g) Existe uma Ciência ou Ciências do Esporte.

A ampliação de dimensão social esporte-educação — A dimensão social esporte-educação ou esporte na escola, como se sabe, surgiu do direito de todas as pessoas às práticas esportivas. O esporte, no ambiente escolar, era anteriormente modelado pela alta competição e, depois, passou a ser preconizado como esporte-educação, democratizando a sua prática e tendo como referência princípios socioeducativos. Entretanto, tendo como pressuposto o mesmo direito das pessoas, percebe-se que os jovens de talento esportivo, nesta configuração democrática da prática esportiva, deixaram de ter seus talentos promovidos.

Além disso, a competição, que é um elemento essencial do esporte, atrofiou-se. No sentido de equilibrar esta conjuntura, o esporte-educação ou esporte na escola passou a compreender:

a) O esporte educacional;

b) o esporte escolar.

O *esporte educacional*, com finalidade de formação para a cidadania, é aquele esporte apoiado nos princípios em que a inclusão de todos reforça a democratização da prática esportiva. Com regras adaptadas, o importante é a formação e não tem responsabilidades diretas com o desenvolvimento de atletas.

O *esporte escolar*, com finalidade de dar oportunidade de uma prática diferenciada para aqueles jovens que possuem talentos e biotipos adequados para determinadas modalidades esportivas, é desenvolvido por competições e treinamentos específicos. Pode-se dizer que é o esporte de rendimento inserido no esporte na escola, embora não perca de vista os valores educativos para a formação da cidadania. Um dos seus objetivos é a promoção dos talentos esportivos para que mais tarde os jovens praticantes ou atletas cheguem ao alto rendimento. Também pode ser regido por princípios. O principal deles é o Princípio do *Fair Play*, pelo qual as crianças e adolescentes aprendem nas competições a respeitar os adversários, companheiros, árbitros, dirigentes e todos os códigos, inclusive, as regras. É um princípio que exorta a cidadania.

O reconhecimento de um esporte social – Passou a fazer parte do discurso esportivo a existência de dois tipos de esporte: o *esporte espetáculo* ou esporte-performance e o *esporte social*.

Este esporte social nada mais é do que o agrupamento das dimensões sociais esporte-educação na sua nova concepção, e esporte participação ou lazer. Este esporte é um dever do Estado e compreende todos aqueles que chegaram ou ainda não chegaram ao esporte de rendimento.

O esporte-lazer ou esporte comunitário, que é um serviço público importante, para que assim seja considerado, exige referência em dois princípios:

a) Princípio da inclusão;

b) princípio do prazer.

Como o esporte-lazer é um esporte para todas as idades, o recomendável é que os praticantes voluntários cuidem da sua segurança pessoal, evitando acidentes com o organismo. Para que exista esta segurança é necessário uma rotina continuada de prática de atividades físicas, para que os praticantes se apresentem com uma desejável aptidão física. Como já foi afirmado, o papel do Estado, a cada dia, mais se encaminha para as suas responsabilidades diante do Esporte Social.

A mídia como fator decisivo na difusão dos esportes – A mídia esportiva cresce invariavelmente, aumentando o número de televisões, jornais, *sites*, banco de dados, rádios especializados em esporte e espaços ocupados na mídia generalista.

O esporte de rendimento passou a constituir-se num grande show de televisão. O número de adeptos ou aficionados esportivos passivos aumenta em percentuais comparando-se com os ativos, ou praticantes. É paradoxal, pois os valores de prática esportiva são muito mais difundidos, principalmente pela própria mídia, do que antigamente.

Uma das maiores influências da mídia sobre a prática social esportiva é o fato de a TV, principalmente, recair somente sobre alguns tipos de esportes, de acordo com seus interesses comerciais. Este fato tem provocado maior incidência da prática nestas modalidades esportivas mais contempladas e ao mesmo tempo uma redução gradativa nos esportes que não sensibilizaram a mídia.

O mundo dinâmico dos esportes – A complexidade do mundo atual levou o quadro esportivo internacional a um dinamismo onde o número de praticantes e profissionais de esporte, a quantidade de eventos e de modalidades crescem numa velocidade impressionante. É evidente que isto ocorre em todas as dimensões sociais do esporte. Para efeito de classificação, identificam-se várias correntes de modalidades esportivas:

— Os esportes tradicionais;
— Os esportes de aventura e da natureza (esportes radicais);
— Os esportes derivados das artes marciais;
— Os esportes motores;
— Os esportes intelectivos;
— Os esportes de criação nacional e identidade cultural;
— Os esportes de expressão corporal e música;
— Os esportes derivados de outros esportes.

Uma modalidade esportiva pode pertencer a mais de uma corrente ao mesmo tempo, embora, pelas suas características, esteja sempre mais comprometida e identificada com uma destas correntes.

O esporte como meio de cultura de paz — A Unesco há alguns anos passou a concentrar esforços nas suas ações para uma cultura de paz. Nesta nova e relevante caminhada social da Unesco, o esporte ganhou ênfase, o que ficou demonstrado na Declaração de Punta Del Este (1999), aprovada na Terceira Conferência Internacional de Ministros e Altos Funcionários Encarregados da Educação Física e do

Esporte. Nesta Declaração, ao ser reiterada a importância do esporte como elemento essencial e parte integrante do processo da Educação Permanente e Desenvolvimento Humano e Social, foi estabelecida que as nações devem multiplicar seus esforços a favor do diálogo e cooperação mundial, no sentido de uma cultura de paz.

O espaço ocupacional de trabalho no campo social do esporte — O mundo dinâmico do esporte, cada vez mais denso de fatos esportivos e de pessoas envolvidas, tem propiciado um acelerado crescimento de oportunidades de trabalho. Localizado no setor terciário, o esporte, ao contrário das áreas dos setores primário e secundário, tem promovido um grande número de novas ocupações de trabalho. Este crescimento do trabalho nas atividades esportivas podem ser explicadas por:

— Aumento do número de praticantes, modalidades esportivas e eventos esportivos;

— A consolidação de uma indústria do esporte que compreende desde o vestuário e chega até os aparatos e instalações esportivas;

— A divisão do conhecimento em partes, exigindo novas especialidades e consequentemente especialistas;

— A própria complexidade do processo esportivo, que remete à necessidade de mais recursos humanos para atuar na subjetividade das circunstâncias esportivas.

O reconhecimento da existência da ciência do esporte – Há muito tempo que se reconhece que o processo esportivo progride através de um conglomerado de ciências. Foi o alemão Herbert Haag, quem melhor explicou a ciência do esporte. Inicialmente reconheceu sete campos de estudo para a ciência do esporte: Medicina Esportiva, Psicologia Esportiva, Biomecânica Aplicada ao Esporte, Sociologia Esportiva, Pedagogia do Esporte, Filosofia do Esporte e História do Esporte. Depois, pouco a pouco, outras áreas foram se incorporando tais como: a Economia Aplicada ao Esporte, a Antropologia do Esporte, o Direito Esportivo, a Nutrição Esportiva, a Fisioterapia Esportiva, a Ciência das Facilidades, Equipamentos e Instalações Esportivas, a Bioquímica Aplicada ao Esporte e muitas outras.

Cada área que compõe a chamada Ciência do Esporte possui organismo internacional próprio, que por sua vez edita periódico e publicações científicas, além de promover congressos e eventos internacionais. Este quadro interfere no avanço do conhecimento sobre o Esporte.

Consideração final

O Esporte, como um problema profundamente humano e social, seu significado social, ocorrido principalmente após o redimensionamento conceitual, quando passou a abranger manifestações comprometidas com a educação, participação e performance, precisa ser interpretado como um campo sociocultural de estruturas e conteúdos de grande complexidade, que se apresenta com grande fascínio para todos os atores ativos e passivos, propiciando oportunidades únicas para a convivência humana.

Na transição do século XX para o século XXI, o fenômeno sociocultural do Esporte apresenta-se com contornos e formatos que praticamente envolvem de alguma forma toda a população mundial. Por isso tudo, o Esporte precisa ser mais estudado nos seus alcances sociais. Esta é uma grande missão dos cientistas protagonistas do Esporte que, através de suas especialidades na chamada Ciência do Esporte, assumiram o compromisso de avançar no conhecimento para que os usuários possam utilizar as práticas e os fatos esportivos na consolidação de estilos de vida que busquem superações, qualidade de vida ou entretenimento.

Bibliografia

ANDREU CAMPS, E. O.; LAGARDERA, F. *Deporte y municipio*. Barcelona: Publicaciones de Juventud y Sociedad, 1985.

ANTONELLI, F. *Psicologia e psicopatologia dello Sport*. Roma: Leonardo, 1963.

ARAUJO, L. Ética, sociedade contemporânea e desporto. In: ______. *Desporto, ética sociedade*. Porto: Faculdade de Ciências do Desporto e de Educação Física, Universidade do Porto, 1989.

BENTO, J. À procura de referências para uma ética do desporto. In: ______. *Desporto, ética sociedade*. Porto: Faculdade de Ciências do Desporto e de Educação Física, Universidade do Porto, 1989.

BOUDON, R. *Effets pervers et ordre social*. Paris: Presses Universitaires, 1977.

BRASIL. Conselho Nacional de Desportos. Recomendação CND n. 01/89. Recomenda a inclusão de dispositivos que tratem da Educação Física e do Esporte Educacional no Texto da Nova Lei de Diretrizes e Bases da Educação Nacional. Brasília, 1989.

______. Ministério da Educação. Secretaria de Educação Física e Desportos. *Uma nova política para o desporto brasileiro — esporte brasileiro, questão de Estado*, 1985.

BROHM, J.-M. *Sociologie politique du sport*. Paris: Universitaires, 1976.

CACIGAL, J. M. *Cultura intelectual e cultura física*. Buenos Aires: Kapelusz, 1979.

______. La cultura física. In: ______. *Los estudios de un joven de hoy*. Madrid: Fundación Universidad-Empresa, 1982.

CAILLOIS, R. *Le jeux et les hommes*: le masque et le vertige. Paris: Gallimard, 1958.

CLAYES, V. *A evolução do conceito de desporto e o fenômeno da participação*. Lisboa: Direção Geral dos Desportos, Ministério da Educação e Cultura, 1984.

COLWELL, J. *Sociocultural determinants of international sporting sucess*: The 1976 Summer Olympic Games. Tese (Doutorado) – University of Waterloo, 1981.

COMISION ESPECIAL DE INVESTIGACIÓN DE LA VIOLENCIA EN LOS ESPETÁCULOS DESPORTIVOS. Madrid. Dictamen de la Comision, 1990.

CONSEIL INTERNATIONALE D'EDUCATION PHYSIQUE ET SPORT. *Manifesto mundial do desporto*, 1964.

CONSELHO DA EUROPA. Tratado n. 120. Convenção Europeia sobre a violência e os distúrbios dos espectadores por ocasião de manifestações desportivas e nomeadamente nos jogos de futebol. Estrasburgo, 1977.

COTTA, A. Le sport est un moyen de socialisation. In: BOZOULS, J. P.; MAGLIULO, B.; PÉRÉS, H. *Sport et societé*. Paris: Hatier, 1981.

CAZORLA PRIETO, L. M. *Deporte y Estado*. Madrid: Labor, 1979.

______. Los poderes públicos ante el deporte popular y el deporte espetáculo. In: ______. *Deporte popular*: deporte elite-elementos para la reflexion. Valencia: Ayuntamento de Valencia, 1984.

FEIO, N. A dimensão ética e cultural do Desporto. Ensaio sobre a multidimensionalidade do Agon Contemporâneo. In: *Desporto, ética e sociedade*. Porto: Faculdade de Ciências do Desporto e de Educação Física, Universidade do Porto, 1989.

FEIO, N. *Desporto e política*: ensaios para a sua compreensão. Lisboa: Compendium, 1978.

FORSTHOFF, E. *Estado de la sociedad industrial*. Madrid: Instituto de Estudios Políticos, 1975.

GARCIA-PELAYO, M. *Las transformaciones del Estado contemporáneo*. Madrid: Alianza Universidad, 1977.

GONÇALVES, C. Espírito desportivo: questão de ética, questão de educação. In: ______. *Desporto, ética e sociedade*. Porto: Faculdade de Ciências do Desporto e de Educação Física, Universidade do Porto, 1989.

GRANDE, N. Investigação, desporto e ética. In: ______. *Desporto, ética e sociedade*. Porto: Faculdade de Ciências do Desporto e de Educação Física, Universidade do Porto, 1989.

HIRSCHMAN, A. O. Uma Réplica aos Críticos do Bem-estar social. In: *Diálogo*. Rio de Janeiro: Consulado Geral dos Estados Unidos, v. 23, n. 2, p. 48-59, 1990.

HUIZINGA, J. *Homo ludens, essai sur la formation social du jeu*. Paris: Gallimard, 1951.

INGHAM, A. G. *American sport transition*: the maturation of industrial capitalism and its impact upon sport. Tese (Doutorado) — University of Massachusetts, Ankerst, 1989.

INTERNATIONAL COUNCIL OF SPORT, SCIENCE AND PHYSICAL EDUCATION (ICSSPE). *Manifesto sobre o espírito no esporte e na educação física*, 1988.

LANGUILLAUMIE, P. Para una crítica fundamental del deporte. In: ______. *Deporte, cultura y represión*. Barcelona: Gustavo Gili, 1978.

LIMA, T. *Alcance educativo da competição*. Lisboa: Direção Geral dos Desportos, Ministério da Educação e Cultura, 1987. (Col. Desporto e Sociedade.)

McPHERSON, B.; CURTIS, J. E.; LOY, J. W. *The Social significanse of sport*. Champaign: Human Kinetics Books, 1989.

MEINBERG, E. Para uma nova ética do desporto. In: ______. *Desporto, ética e sociedade*. Porto: Faculdade de Ciências do Desporto e de Educação Física, Universidade do Porto, 1989.

MURRAY, C. Em busca da felicidade. In: *Diálogo*. Rio de Janeiro: Consulado Geral dos Estados Unidos, v. 23, n. 2, p. 41-47, 1990.

PARLEBAS, P. *Elementos de sociología del deporte*. Malaga: Universidad Internacional Deportiva, 1986.

PEREIRA, A. *O fenômeno desportivo e as relações de produção*. Lisboa: Coleção Cultura e Desporto, Direção Geral dos Desportos, Ministério da Educação e Cultura, 1974.

SERGIO, M. *Para um desporto do futuro*. Lisboa: Direção Geral dos Desportos, Ministério da Educação e Cultura, 1986.

S'JONGERS, J.-J. *O jogo e o desporto*. Lisboa: Coleção Cultura e Desporto, Direção Geral dos Desportos, Ministério da Educação e Cultura, 1975.

TUBINO, M. J. G. *Teoria geral do esporte*. São Paulo: Ibrasa, 1987.

______. *A interpretação do esporte na educação brasileira*. Tese (Doutorado) — Universidade Federal do Rio de Janeiro, Rio de Janeiro, 1989.

______. Esporte — Uma visão científica. *Show do Esporte*, São Paulo, n. 13, p. 26-27, 1990.

UNESCO. *Recomendações sobre Educação Física/Desportos*, 1976.

______. *Carta Internacional da Educação Física e Desportos*, 1978.

UNESCO. *Tercera Conferencia Internacional de Ministros y Altos Funcionarios Encargados de la Educación Física y el Deporte*. Punta del Este, 1999.

VASCONCELOS RAPOSO, A. J. *Desporto e transformações sociais*. Lisboa: Direção Geral dos Desportos, Ministério da Educação e Cultura, 1976. (Col. Cultura e Desporto.)